Droga zapominania
Mikrokosmos w makrokosmosie

Droga zapominania

Mikrokosmos w makrokosmosie

Gabriele

Gabriele-Verlag
Das Wort

Wolny uniwersalny Duch
jest nauką miłości do Boga i bliźniego
do człowieka, przyrody i zwierząt

Droga zapominania
Mikrokosmos w makrokosmosie
Wydanie pierwsze, 2018

© Gabriele-Verlag Das Wort
Max-Braun-Str. 2, 97828 Marktheidenfeld, Niemcy
www.gabriele-verlag.com
www.wydawnictwo-gabriele.com

Tytuł oryginału:
Der Weg des Vergessens
Der Mikrokosmos im Makrokosmos

Interpretacja tekstu na podstawie
oryginału niemieckiego.

Tłumaczenie autoryzowane przez
Gabriele-Verlag Das Wort GmbH

Druk: KODRUK

S 348 pl

ISBN 978-3-89201-819-3

Spis treści

Przedmowa

Naprawdę żyjemy w czasach, jakich nie było ani przed, ani po ziemskim życiu Jezusa, Chrystusa. Duch Boży, który wzywa każde ze swoich dzieci, przekazuje swoje Słowo w nieznanej dotychczas pełni. Tym samym każdy człowiek, każda dusza jest w stanie podążyć do domu Ojca powrotną drogą, którą poznaje teraz we wszystkich szczegółach.

Mogło się to zdarzyć jedynie dzięki temu, że w tych czasach Bóg ma do dyspozycji posłańca światła w szacie ziemskiej, który bezpośrednio przekazuje Słowo Boga, a ponadto każdemu zainteresowanemu wskazuje drogę do wolności, pokazując jednocześnie kroki do rozszerzenia świadomości. To Gabriele, wielka prorokini Boga, która od ponad 35 lat niestrudzenie służy Bogu i ludziom, swoim braciom i siostrom.

Ze źródła boskiej miłości i mądrości Gabriele przybliżyła nam w tej książce potężne kosmiczne zależności – a w szczególności znaczenie niezłomnych prawidłowości dla życia każdego człowieka, każdej duszy. Ten, kto się z tym skonfrontuje i w coraz większym stopniu pojmie treść, z pewnością za-

cznie bardziej ostrożnie i świadomie obchodzić się
ze swoim życiem – właściwie z wszelkim życiem.

Wydawnictwo Gabriele

Wprowadzenie

W tej książce w jedyny w swoim rodzaju sposób jesteśmy wprowadzani w prawidłowości życia, które otwierają przed nami nowe wymiary życia. Uniwersalne związki mikrokosmosu i makrokosmosu są przedstawione tak, że wyczerpująco wyjaśniają zgodne z prawem procesy leżące u podstaw wszelkiego życia. Kto nie tylko przeczyta treść tej książki, ale także ją przemyśli i połączy ze wszystkim, co w danym momencie spotyka poszczególnych ludzi, ten uzyska dostęp do nowych rozpoznań, których dalekosiężne znaczenie ma niewypowiedzianą wartość dla kształtowania jego życia.

Dowiadujemy się, jak wszystko to, co czujemy jako ludzie, co myślimy, mówimy i robimy, nie tylko ustawicznie jest rejestrowane w człowieku mikrokosmosie, ale także pozostaje w nieprzerwanej komunikacji z dalszymi nośnikami pamięci w makrokosmosie o zagęszczonej strukturze, a ponadto w makrokosmosie o strukturze bardziej subtelnej.

Również współczesna nauka korzysta z wiedzy o pojemności pamięci, o komunikacji i prawie nadawania i odbierania. Jak nigdy wcześniej w historii ludzkości nauka pomaga sobie różnymi metodami, które tylko w sposób prymitywny naśladują kosmiczne prawidła, a czerpane z tego korzyści bazują na wypaczeniu tych kosmicznych prawideł. Internet dostarcza sferom astralnym możliwości, które otwierają się częściowo niczym przepaść. Niejeden użytkownik tworzy sobie w Internecie przestrzeń sztucznych światów, w które się zagłębia, żeby prowadzić drugie, nienależące do niego, nieprawdziwe życie w wirtualnej krainie wyobraźni. W tych wirtualnych światach ludzie tworzą sobie nierzeczywiste, fałszywe profile osobowości, nowe tożsamości niespójne z ich własną, rzeczywistą ludzką tożsamością. Kształtują i zapisują w pamięci zestaw wymarzonych rysów i cech charakteru wirtualnej osobowości, za pośrednictwem której następnie poruszają się, komunikują i działają podobnie jak w życiu fizycznym. Wszelkie ich działania, nawiązane połączenia, wszystko, co sukcesywnie budują i stale rozbudowują, jest bez zwłoki rejestrowane w gigantycznych systemach pamięci Internetu. Każde działanie pozostawia ślad, który pozwala w dowolnym momencie dotrzeć do osoby, która umieściła w sieci daną treść.

W ten sposób powstaje gigantyczna sieć połączeń i powiązanych ze sobą wzajemnie danych, a w niej tworzą się sieci kontaktów wirtualnych osób, które tam działają, poruszają się, komunikują i czegoś dokonują podobnie jak w materialnym świecie. Jakkolwiek realne wydaje się to użytkownikom, dla prostolinijnie myślących ludzi jasne jest, że ten świat pozorów jest nierealny i wcześniej czy później doprowadzi do poważnych komplikacji, ponieważ jest sprzeczny z osobistym aktualnym życiem danej osoby. Wyklucza łączność z tożsamością przyniesioną w duszy. Proszę pozwolić mi to powiedzieć: Wirtualna osobowość to osad szatana. Nasz świat jest podobnie zawikłany dla ludzi, którzy nie znają siebie.

Nieliczni ludzie wiedzą, kim są, nie mówiąc już o wiedzy, skąd pochodzą i dokąd zmierzają. Większość ludzi przeżywa swoje życie w pozornym świecie materii, tak jakby to była jedyna rzeczywistość. Znany fizyk, profesor Hans-Peter Dürr, twierdził: „Materia jest niczym żużel ducha". Fizyka wie, że materia to tylko jedna z form energii; to energetyczne struktury, które podlegają takim samym przemianom, jakie obserwujemy u wszystkich form życia. Materia nie jest trwała. Kto traktuje ją jako jedyną rzeczywistość, żyje obok swojego prawdziwego życia.

Podobnie jak wirtualny świat w Internecie może zostać pobrany przez sferę astralną, tak zabawką sił przeciwnych może stać się człowiek, który nieświadomie przeżywa dzień, daje sobą sterować i nie rozpoznaje, kim sam jest.

Czy wiecie Państwo, kim jesteście?

Niejeden bezrefleksyjnie żyje z dnia na dzień, nie wiedząc na ogół, co kryje się w jego uczuciach, myślach, z kim nieświadomie nawiązuje komunikację i wchodzi w relację. Wielu ludzi mówi, ale nie zgłębia przy tym, jakie uczucia i myśli wprawiają tym w ruch. Robią coś, ale najczęściej nie zdają sobie sprawy z głębszych powodów działania.

Nawet jeśli o tym nie wiemy – wszystko jest jednak zapisane. Gdzie? Między innymi w gwiazdach.

Gwiazdy nie oskarżają. One pokazują. Prawda o każdym z nas jest zapisana w gwiazdach. Ciała niebieskie znają każdego z nas na wylot; jesteśmy dla nich otwartą księgą. Czy my też siebie znamy? Czy jesteśmy dla siebie otwartą księgą? Jeśli tak, to nie potrzebujemy wirtualnego świata astralnego. Gwiazdy przenikają naszą fasadę na wskroś! Czy my też znamy swoją własną fasadę? Przed gwiazdami nie możemy nic udawać, prezentując się na przykład jako wielkoduszni lub skromni, jako dobrzy darczyńcy lub monarchowie. Przed ludźmi można udać wiele. Jednak gwiazdy ujawniają nam nasze maski i przebrania, gdyż nie kłamią. Dla wielu gorzkim doświadczeniem będzie zobaczenie siebie bez maski, będąc jeszcze człowiekiem lub będąc już duszą. Jakkolwiek szeroki gest i wielkoduszność prezentujemy po tej stronie – jako dusza w zaświatach po opadnięciu masek możemy się okazać oszustami. To, co szatańskie, jest bowiem oszustwem i niejeden daje się na to nabrać.

Księgowość Wszech-Świadomości, kosmicznego bytu, jest jednak dokładna i sprawiedliwa.

To, co opisano w tej książce, jest rzeczywiste. Czy zechcemy to przyjąć, czy nie, czy przemyślimy to, czy nie, czy odsuniemy to i zapomnimy – każdy sam tego kiedyś doświadczy, najpóźniej wtedy, gdy zamknie ziemskie oczy i rozpozna, że poza ziemskim życiem, które wydawało mu się tak realne, działa inna rzeczywistość. Ta rzeczywistość stopniowo otwiera się przed każdą duszą, najpóźniej wtedy, gdy rozpozna i usunie zapisy w pamięci, czyli przyczyny stworzone samodzielnie przez człowieka, a tym samym przekaże je do kosmicznego przeistoczenia. W ten sposób przechodzi na drodze zapominania do prawidłowości życia, które odpowiadają jedynej realności, wiecznej ojczyźnie naszego prawdziwego bytu.

Martin Kübli

Żadna energia nie ginie
– dokąd trafia?

„Droga zapominania" – frapujący temat, bowiem temat „Mikrokosmos w makrokosmosie" dotyczy wszystkich bez wyjątku.

Na początek kilka pytań:

Każdy człowiek ma własną osobistą przeszłość. Zastanówmy się nad własną przeszłością, a dojdziemy do wniosku, że nie możemy sobie przypomnieć wielu szczegółów. Tak łatwo się mówi: „Minione umyka z pamięci". Skoro jednak żadna energia nie ginie, gdzie podziały się energie – na przykład nasze uczucia, odczucia, myśli, słowa, wszystko pozytywne i negatywne w naszym życiu, także nasze nawyki, nasze kompletne wzorce postępowania, wszystko to, co przenieśliśmy do rubryki „zapomniane" lub „było, minęło"?

Odsuwamy na ogół jako rzecz nieistotną to, czy ludzie, których obraziliśmy lub nawet skrzywdziliśmy, wybaczyli nam, czy może nadal cierpią z naszego powodu. Co jednak nie zostało zniesione, czyli czego nie przebaczono, pozostaje na stanie, nawet jeśli wyrzuciliśmy niewyjaśnioną sytuację z pamięci. My, ludzie, zbyt łatwo prześlizgujemy się nad kwestią „energii" – jednak żadna energia emitowana przez nas nie przestaje istnieć; jest zakodowana w nas, w mikrokosmosie i w makrokosmosie.

Ludzie, którzy na przykład, doznali ciężkich przeżyć, często słyszą od znajomych: „Czas leczy rany".

Owszem, ale tylko wtedy, gdy nie pozostawiliśmy żadnych ran, żadnych win u innych.

Jezus z Nazaretu uczył ludzi wszystkich pokoleń: *Pogódź się ze swoim przeciwnikiem szybko, dopóki jesteś z nim w drodze, by cię przeciwnik nie podał sędziemu, a sędzia dozorcy, i aby nie wtrącono cię do więzienia. Zaprawdę, powiadam ci: nie wyjdziesz stamtąd, aż zwrócisz ostatni grosz.*

„(...) by cię przeciwnik nie podał sędziemu (...)" – kto jest sędzią? Jest nim zawsze prawo siewu i zbioru.

„(...) a sędzia dozorcy (...)" – dozorcą, strażnikiem jesteśmy my sami; to my wprowadzamy przyczyny w swoje ciało i w duszę. Kiedy przyczyny dochodzą do skutku, może to być dla nas niczym więzienie.

Nauka twierdzi, a skoro tak twierdzi nauka, wielu ludzi przyjmuje za fakt, że wszystko jest energią, a żadna energia nie ginie. Skoro żadna energia nie ginie – gdzie pozostają rozmaite poziomy wibracji energii? Gdzie były i będą gromadzone? Wielu skomentowałoby to następująco: „Nie da się przecież zatrzymać w pamięci każdej drobnostki, każdego szczegółu, przebiegu każdego spotkania z innymi! Kto zdołałby tego dokonać?". Zgoda. Kto by zdołał? Jednak każdy z nas ma w pamięci różne zdarzenia, na przykład określone sytuacje, które doprowadziły do niemiłej kłótni z sąsiadem, często drobnostki, które jednak nie zostały zadośćuczynione. Albo przypominają nam się kwestie, które przez dłuższy czas zajmowały nasze myśli, o których rozmawialiśmy co jakiś czas ze znajomymi i z przyjaciółmi. Bądź też przychodzą nam na myśl dawne konflikty ze współpracownikiem. I tak dalej.

Niejedno umyka z pola widzenia po zmianie miejsca. Przeprowadzka do innego miasta sprawia, że pozornie mamy za sobą wszystkie nieporozumienia i kłótnie o często nieistotne sprawy. Ci, którzy się wyprowadzili, najchętniej wyrzucają z pamięci to, czy sąsiad lub współpracownik poradził sobie ze sprawą, która doprowadziła do nieporozumień, kłótni i zarzutów, i co o tym myśli. Człowiek z reguły zbyt szybko odsuwa w niepamięć pojawiające się w kolejnych dniach sytuacje i zdarzenia, twierdząc: „Co z oczu – to z serca!". Jednak wszystko jest energią. Gdzie podziała się energia niezałatwionych, niezałagodzonych, nieodpokutowanych sprawek ludzkiego ego, skoro wszystko, absolutnie wszystko, jest energią?

Podobnie ma się sprawa z chwilami szczęścia, na przykład z uskrzydlającym uczuciem po zdaniu matury z wysokimi ocenami, z radością ze znalezienia dobrej pracy – oczywiście z perspektywami awansu, dzięki czemu teraz, w jesieni życia, mamy zabezpieczony wygodny byt. Ktoś może grzać się we wspomnieniu cudownych wakacji, inny do dziś pielęgnuje wspomnienie spotkania z człowiekiem, któremu zawdzięczał nieoczekiwane korzyści w życiu. Każdy człowiek ma własną przeszłość i każdy z nas przypomina sobie sprawy, które najdłużej go zajmowały – na ogół te, które były dla niego pożyteczne.

To, co w przeszłości szczególnie nas poruszyło, czy to radość, sukcesy zawodowe, wakacyjne przeżycia czy też irytacja, rozpacz, cierpienie, pech – to wszystko i wiele podobnych przeżyć składa się na ziemskie życie danego człowieka. Zdarzenia i sytuacje głęboko poruszające i mające dalekosiężne skutki pozostają zatem w pamięci i często pozostają jako teraźniejsze, jeśli wciąż rozmawiamy o tym, co ukształtowało nasze życie. Jeśli nawet nie przypominamy sobie szczegółów zdarzeń wypływających z naszej pamięci, żywe pozostaje ogólne wrażenie. Sprawy budzące radość, ale także to, co nie było w porządku, co działo się bez celu, wszystko pozostaje w nas zapisane.

Skoro wszystko jest energią, to stale budujemy w sobie kolejne energie, które w pewnych okolicznościach rozbudowują się w całe kompleksy, zasilane ciągłym myśleniem i mówieniem o tych samych sprawach. Na przykład wciąż żywo brzmią nam w uszach gwałtowne dyskusje, kłótnie, które doprowadziły do wrogości. Do dziś nie umiemy o tym zapomnieć, ponieważ uważamy, że ten drugi był winny i nie jest skłonny do zgody.

Ogólnie można powiedzieć, że przeważnie pamiętamy to, co odcisnęło się nam na płaszczyźnie emocjonalnej, ale zarazem jest jeszcze aktywne w świadomości, czyli to, na co reagowaliśmy emocjonalnie, radością albo złością, i co jeszcze nas czasem porusza. W każdym razie mieliśmy i nadal mamy wpływ na wszystkie plusy i minusy – ponieważ produkujemy energie swoimi myślami i słowami. Reagujemy, czyli działamy. Energie kodujemy również gotowością do pomocy i przyczynianiem się do zgody. To samo dotyczy reagowania złością i niechęcią, przede wszystkim wtedy, gdy przy jakiejś okazji podważana jest nasza pozycja.

*Każdy człowiek jest
mikrokosmosem w makrokosmosie
– zapisujemy nieustannie*

Wychodząc zatem z założenia, że żadna energia nie ginie, musimy przyjąć, że wszystkie sytuacje i zdarzenia, wszystko dobre i złe w naszym ziemskim życiu – czy możemy sobie to przypomnieć, czy już nie – pozostają zapisane. Wszystko, dokładnie wszystko, co nas dotyczy, kształtuje naszą świadomość. Z tego rozwija się charakter, który nas cechuje i określa sposób myślenia i postępowania. Pojawia się pytanie: Czy nie opuszczają nas żadne poruszenia i skłonności – jak choćby złość na kogoś, radości i cierpienia, pech i szczęście? I gdzie to wszystko jest zapisane, skoro żadna energia nie ginie?

Jeszcze raz sobie uświadommy: Wszystko jest energią. Myślimy, myślimy, mówimy, mówimy, działamy, działamy – wszystko jest energią. Ona z nas wypływa, wpływa w nas z powrotem i jest zapisywana. Stąd tytuł: Mikrokosmos w makrokosmosie. Każdy z nas jest mikrokosmosem. Niestrudzenie zapisujemy siebie w konstelacjach planet, w materialnym makrokosmosie i daleko poza nim.

Przedstawione poniżej prawidłowości z kosmicznego Wszech-Prawa– którym jest niewyczerpywalny, niedotykalny, dla ludzi niepojmowalny, wiecznie stały Duch nieskończoności – możemy łatwo prześledzić na przykładzie nowoczesnej techniki.

Wielu ludzi uważa obecnie za normę stosowanie systemów nawigacyjnych przy podróżach samochodem. Ufają, że po wpisaniu wybranego celu system nawigacyjny pokieruje ich do niego bezpieczną drogą. Po włączeniu systemu nawigacyjnego definiowany jest cel i za pośrednictwem anten w pojeździe system łączy się z odpowiednimi satelitami, które przez cały czas rejestrują współrzędne pozycji pojazdu i wszystkie jego poruszenia. Po każdej takiej zmianie pozycji zapisywane są nowe współrzędne, porównywane z żądanym programem i na tej podstawie aktualizowane są dane dotyczące drogi pozostałej do przebycia oraz tworzone wskazówki. Te wskazówki przekazywane są kierowcy; na ich podstawie podejmuje on decyzje odnośnie dalszego przebiegu podróży, prędkości, postojów, objazdów i tym podobnych. Niezależnie od tego, dokąd, jaką drogą i z jaką prędkością ostatecznie pojedzie kierowca

– system nawigacyjny śledzi trasę i w każdej chwili rejestruje współrzędne bieżącej pozycji, wysokość nad poziomem morza, kierunek jazdy i prędkość pojazdu. Ta pełna sieć komunikacyjna odzwierciedla całą trasę, od startu do celu, we wszystkich szczegółach. Komunikacja między pojazdem a satelitami trwa bez przerwy.

Coś, co kilkadziesiąt lat temu było niewyobrażalne dla większości ludzi, dziś niemal dla każdego jest powszechną normą. System nawigacyjny z jego całą technologią nadawania i odbierania, zapisywania i koordynowania jest zaledwie uproszczonym odzwierciedleniem tego, co nieustannie przebiega między mikrokosmosem, człowiekiem, a materialnym makrokosmosem. Jest to jednak dobry przykład na to, jak precyzyjne nadawanie i odbieranie, kodowanie i odczytywanie danych umożliwiają zwykłe środki techniczne.

Normą dla współczesnego człowieka stało się również tworzenie obrazów satelitarnych każdego zakątka Ziemi, na których odwzorowane jest wszystko: lasy, pola, koryta rzek, łańcuchy górskie, jeziora i morza, a także miasta i wsie. Wszystko, każdy szczegół, jest co minutę rejestrowane i kodowane w gigantycznych plikach. Dokumentowana jest każda zmiana: płodozmian na danym polu, zmiana biegu dróg, zmiany w przyrodzie, topnienie lodowców i wiele innych – wszystko jest zauważane i na bieżąco zapisywane. Te wszystkie zdobycze techniki mogą się wydawać zdumiewające, ale stanowią zaledwie niedoskonałe, powolne rozwiązanie w porównaniu z pojemnością pamięci i dokładnością rejestru makrokosmosu. O ileż dokładniej rejestrowane jest przez makrokosmos każde poruszenie każdego pojedynczego człowieka i każdy niuans jego odczuć, uczuć, myśli, słów i czynów! Tam dostrzegana jest każda najsubtelniejsza zmiana i odpowiednio aktualizuje się zapis.

Wróćmy do wyjaśniania uniwersalnych kosmicznych prawidłowości.

Gdy widzimy nad nami gwieździste niebo, co właściwie przebiega tam w górze? Niech na nasze usposobienie zadziała kropla niebiańskiego poznania. Ta kropla niebiańskiej mądrości mówi: Każdy z osobna jest całkowicie indywidualnym, specjalnym mikrokosmosem w tym materialnym kosmosie i poza nim, w kosmosie o subtelnej strukturze, o którym będzie jeszcze mowa.

Uświadommy sobie, że każdy z nas jest swoim własnym specyficznym mikrokosmosem, który pozostaje w łączności, z widzialnym makrokosmosem, kosmosem o zagęszczonej strukturze, oraz z niewidzialnymi kosmosami, przekazując im informacje i będąc prowadzonym.

W naukach przyrodniczych zakłada się, że wszelkie odczucia, uczucia i myśli zapisywane są w mózgu. Jeśli człowiek umrze, czyli mózg zakończy swoją aktywność, cała jego energia, cały zapis pamięci miałby być skasowany. Skoro jednak żadna energia nie ginie, również ta powinna, po śmierci fizycznego ciała, zostać gdzieś przyporządkowana. Cała zawartość ludzkiego odczuwania, czucia, myślenia, mówienia i postępowania jest energetycznie zapisana w duszy. Każdy człowiek posiada subtelne ciało, duszę, która bywa też nazywana ciałem astralnym lub eterycznym. Ponieważ żadna energia nie ginie, dusza po śmierci ciała żyje nadal w konstelacjach planet makrokosmosu o bardziej subtelnej strukturze. To, co zapisaliśmy w komórkach swojego ciała, czyli także w mózgu, odcisnęło się również na subtelnym ciele, na duszy. Wzór odciśnięty na duszy każdy człowiek tworzy sam całokształtem zapisów w swoim ziemskim życiu.

Powtórzmy: Wszelkie decyzje, wszystkie sytuacje, każda myśl, uczucie, słowo i działanie określają bieg naszego ziemskiego życia. Czy spełniamy kosmiczne Wszech-Prawo, czy wykraczamy przeciw niemu – zapisujemy to w mikrokosmosie, w samych sobie, we własnym mózgu i w narządach fizycznego ciała, a równocześnie w duszy. To jest wzór odciśnięty na duszy. To znaczy każdy ułamek sekundy naszego ziemskiego życia jest na poziomie energetycznym zapisywany z całą swoją zawartością.

Jezus, Chrystus, objawił nam, ludziom:
Czyż nie sprzedają za grosz dwu wróbli? A jednak ani jeden z nich nie spadnie na ziemię bez woli Najwyższego. Zaprawdę, nawet włosy na waszej głowie są wszystkie policzone. Nie bójcie się tedy. Jeśli Bóg troszczy się o wróble, czyż nie zatroszczy się także o was?
O ile dokładniej są zatem policzone nasze uczucia, myśli, słowa i czyny – w ostatecznym rozrachun-

ku także wszystko to, co ukrywamy, co pozorujemy – skoro zliczony jest każdy włos na naszych głowach i każdy wróbel, który spada na ziemię?

Kto lub co to liczy? Na ogół to skupiska energii, gromady gwiazd, stanowiące zbiorowe pola podobnych poziomów wibracji i zliczające to, co dotyczy świata ludzi, na przykład włosy na naszych głowach i spadające na ziemię wróble. Wszystko jest aktywną energią, która nie ginie. Nic nie znika bez śladu z ekranu życia. Wszystko jest obserwowane, ważone, mierzone, liczone i zapisywane.

Liczą ciała niebieskie makrokosmosów materialnego i niewidzialnego. Liczą i zapisują wyłącznie to, co dany człowiek wkłada jako zawartość w swoje uczucia, odczucia, myśli, słowa i czyny, czyli również to, co próbujemy ukryć swoim zachowaniem i do czego nie chcemy się przyznać, wszystko, co przebiega za kulisami. Wszystko to jest rejestrowane w niezwykłej księgowości Boga odpowiednio pod winien i ma, do czego jeszcze wrócimy.

*Bardziej subtelne obszary oczyszczania
są miejscem pobytu dusz. W zaświatach
dusza nosi swoje „szaty duszy"*

Wszystkie osobiste sposoby zachowania, wszystkie dane i wszystko, co nam, ludziom, wydaje się istotne, jest energią i pozostaje w łączności z konstelacjami planet w materialnym makrokosmosie i w niewidzialnym makrokosmosie. Wszystkie ciała niebieskie materialnego kosmosu oraz niewidzialnego dla nas bardziej subtelnego, makrokosmosu są planetami rejestrującymi. W niezliczonych konstelacjach planet rejestrowane jest – za i przeciw – każdego człowieka.

Kosmos materialny służy głównie jako miejsce zapisu ludzkiego zachowania, indywidualnych cech człowieka, czyli jego wizerunku i sposobu życia. Jeśli w charakterze człowieka są czynniki dużej wagi, kształtujące jego wizerunek przez swoje codzienne przejawy, to buduje on w makrokosmosie bliskie Ziemi formacje energii, stanowiące matryce na ewentualne kolejne wcielenie.

Subtelny makrokosmos zawiera niezliczone konstelacje planet, obszary oczyszczania dla dusz. Są to miejsca pobytu dusz, które odpowiadają odciśniętym w danej duszy błędom jej byłego człowieka, jego wykroczeniom przeciw kosmicznemu prawu wolności i jedności.

Wszelkie zapisy w człowieku i w duszy tworzą rodzaj piętna, które stanie się odczuwalne najpóźniej po odejściu człowieka, czyli po śmierci ciała, w odpowiednich miejscach pobytu duszy w subtelnych konstelacjach planet.

Jak już wspomniano, dusza jest subtelnym tworem, subtelnym ciałem, otoczonym energetycznymi powłokami. W zależności od grawerunku na duszy, powłoki jej odzwierciedlają odpowiadające mu odcienie kolorów. Wielu ludzi wie o tak zwanej aurze, określanej też słowem korona, o fluidzie otaczającym człowieka. Odpowiednio do sposobu postępowania człowieka aura w każdej chwili zmienia kolory i sposób poruszania się. Może być wzburzona lub spokojna, zależnie od zawartości uczuć, myśli, słów i czynów. Są to mieniące się nieustannie barwy emanujące z człowieka i przynależne do jego duszy.

To, co w czasie wcielenia przejawia się jako aura, po opuszczeniu ciała przez duszę nazywane jest szatami duszy. Szat duszy nie projektuje zatem kreator mody, nie kroi ich ani nie szyje krawiec. W „szacie", w odcieniach fluidu pokazuje się dominujące aktualne promieniowanie powłok duszy, które odzwierciedlają jej obciążenia. Podczas swojej podróży dusza nosi kolejno pojawiające się szaty, energetyczne powłoki. Dana szata sygnalizuje duszy, jakie sprzeczne z prawem aspekty ma w danym momencie do rozpoznania i do przezwyciężenia.

W toku oczyszczania, czyli zmazywania win, przepracowywania tego, czym człowiek obciążył swoją duszę, energetyczne powłoki, tak zwane szaty duszy, ulegają przemianom. Im bardziej dusza dąży do światła, tym delikatniejsze i jaśniejsze stają się jej szaty. Jeśli dusza zmazała rozpoznaną winę, wtedy energia promieniująca z tej powłoki płynie do odpowiadających jej konstelacji planet bardziej subtelnego kosmosu. Rozjaśnione ciało duchowe podczas swojej przemiany oczyściło się z obarczającej, negatywnej części. Formacje energii o niskim poziomie wibracji zostały przekształcone siłą kosmicznego Ducha, obecną w każdej duszy i jak wspomniano, zostały przesłane do subtelnego makrokosmosu. W chwili przekształcenia winy w pozytywną siłę zaczyna się zapominanie wszystkiego, co dotychczas do duszy przywierało.

Dusza wypromieniowuje teraz delikatniejszą, jaśniejszą powłokę i przemieszcza się do wyższych, jaśniejszych planet, gdzie może odkryć kolejne zapisy w swoim duchowym ciele i zmazać je. W swojej podróży do coraz wyższych energii światła otrzymuje wsparcie i rady od wyższych istot. Wszystko, co jeszcze negatywne, co przywiera do rozjaśniającej się duszy, należy rozpoznać i usunąć.

Po każdym etapie oczyszczania, czyli zmazywania win, ich energie są przekształcane przez potężnego, wiecznego Ducha w energie właściwe dla danej konstelacji planet, która w tym momencie odpowiada strukturze duszy. To, co zbyt ludzkie, zostało odłożone, przezwyciężone i zarazem zapomniane. Dusza krok po kroku idzie drogą zapominania, aż jej duchowe ciało odzyska promieniowanie pierwotnej, prawdziwej istoty. Dusza przestaje być wtedy duszą. Jest czystą istotą, istotą duchową, która wróciła do domu Ojca, do wiecznej ojczyzny, do Królestwa Bożego, do swoich odwiecznych korzeni, do naszego wiecznego boskiego dziedzictwa.

„Jam gościem na tej Ziemi"

Wiersz Paula Gerhardta unaocznia, jak może wyglądać zawartość i przebieg ziemskiego życia człowieka, który jest świadomy swojej podróży do Boga, wiecznej Pra-Inteligencji, do swojego niebiańskiego Ojca.

Jam gościem na tym świecie,
nie tu mój trwały dom,
W niebiesiech Boże dziecię
wszak ma ojczyznę swą.
Tu dni pielgrzymki pędzę,
tam się ukończy znój.
W błogości wszelką nędzę
ukoi Pan, Bóg mój.

Bo czymże żywot cały
od lat dzieciństwa był?
Dni ciężkie przeważały,
gdym jak pod krzyżem żył.
W niejeden dzień strapienia,
w niejedną ciemną noc doznałem
chwil zwątpienia rozpaczliwego moc.

Częstokroć na mej drodze
grom niebezpieczny padł
i tak mną wstrząsnął srodze,
żem nieraz w strachu bladł.
Złość i prześladowanie
musiałem nieraz znieść,
nie zasłużywszy na nie,
i gorzki chleb tu jeść.

Lecz dom mam zbudowany,
gdzie wszech aniołów zbór
czci Pana ponad pany,
ten Pan wszelaki twór
w swej ręce ma i rządzi,
tak – jako wola ma:
On w niczym nie pobłądzi,
bo wszystko dobrze zna.

Do Niego sercem całym
stęskniony jestem już.
Ten świat przewędrowałem,
zmęczonym jest od burz.
Im jestem w drodze dłużej,
tym tu radości mniej;

pielgrzymka bardzo nuży,
nie sprzyja duszy mej.

Lecz Bóg radością moją,
zbawienia świtem mi,
za łaską da mi swoją
w niebiosach wiecznie żyć,
tam będę już bez końca
z błogości zdrojów pił
i będę na kształt słońca
wraz z zbawionymi lśnił.

fragmenty
(Paul Gerhardt, 1607-1676)

W uniwersalnym Bycie, w wiecznym domu Ojca, przybywająca boska istota nie czuje się obco. Istota duchowa jest ponownie wśród swoich braci i sióstr w wiecznym domu Ojca. To, co się kiedyś działo, ludzkie zawirowania, jest nie tylko odłożone, ale też zapomniane. Jest tak, jakby ten syn, albo ta córka Boga, nigdy się nie oddalili.

W Kólestwie Bożym nie ma czasu, ani wczoraj, ani dziś, ani jutro, a zatem nie ma też przemijania.

Wszystko jest najczystszą, najjaśniejszą, najsubtelniejszą energią, jednością – Bytem.

Jak powiedział Jezus z Nazaretu: *W domu Ojca mego jest wiele mieszkań. Czy gdyby tak nie było, powiedziałbym wam: „Idę przygotować wam miejsce"?*

Księgowość Boga
– rejestr wszystkich szczegółów,
aktualizacja wszystkich zmian

Wróćmy do podróżującej duszy. W obu kosmosach – zarówno w materialnym, jak i w subtelnym – rejestrowane są wszystkie zachowania człowieka, ale też każda zmiana powoduje aktualizację, nowe energetyczne dopasowanie, odpowiednio do zachowania danego człowieka. Całościowy obraz człowieka i duszy, czyli wszystkie szczegóły, jest wyrysowany według absolutnie sprawiedliwej reguły „nadawania i odbierania". A dzieje się to w każdej chwili, ponieważ rachuba jest sprawiedliwa. Jak łatwo zauważyć, te pola zapisu nazywane są między innymi kosmiczną księgowością albo księgowością Boga.

Jeszcze raz sobie uświadommy: Materialny makrokosmos rejestruje głównie działanie człowieka w trzech wymiarach, czyli to, co jest człowiekowi niezbędne w trójwymiarowym świecie do ziemskiego życia, co odpowiada ludzkim potrzebom, czyli wszystko, co wiąże się z funkcjonowaniem człowieka w materialnym świecie. Programy bytowe w życiu człowieka są w czasie inkarnacji duszy rodzajem niezbędnego „wyposażenia roboczego", na które składa się wszystko, co każdego dnia robimy całkiem odruchowo, bo po prostu tak się robi – na przykład otwieranie i zamykanie drzwi, przechodzenie przez otwarte drzwi i bramy, zwykła poranna toaleta, jedzenie, picie, jazda samochodem, jazda na rowerze, chodzenie do pracy, prowadzenie domu i tak dalej. Natomiast przywiązanie do np. wartościowych przedmiotów, dóbr, krajobrazów, miast, wsi, gmin, miejsc i tym podobnych, ale także do ludzi, może stać się magnesem, który ponownie ściągnie duszę do wcielenia.

*Matryca, osobiście stworzony kokon
promieniowania na drogę zejścia duszy
do ponownego wcielenia*

Zależnie od przebiegu życia człowieka, różnorodne zdarzenia odciskające się na duszy tworzą na niej specyficzny grawerunek. Oba kosmosy ze swoimi konstelacjami planet, makrokosmos materialny i makrokosmos ponad nim, są niczym energetyczny drogowskaz, kierujący w te sfery zaświatów, które mogą służyć jako miejsce pobytu duszy po odłożeniu ciała.

Każda myśl i każdy czyn, które nie pasują do absolutnego prawa wszechświata, do wiecznej zasady równości, wolności, jedności, braterstwa i sprawiedliwości, staje się ciężarem duszy i ewentualnym programem na kolejne wcielenie. Obciążenia duszy są dla człowieka przyczynami, powodami skutków uruchamianych przez prawo siewu i zbioru, prawo przyczynowe. Zarówno w materialnym, jak i w makrokosmosie o subtelnej strukturze zarejestrowane są między innymi wszelkie sposoby postępowania przeciw królestwom przyrody, przeciw roślinom i zwierzętom, przeciw Ziemi oraz ich sprawcy.

W efekcie przez spiętrzenie się energii powstaje w makrokosmosie negatywny kompleks energetyczny, dotyczący np. przestępstw przeciw ludzkiemu życiu, wspieranie i inicjowanie wojen, wyzyskiwanie planety i zawłaszczanie dla siebie zasobów Ziemi, przez co bogacą się bogacze, a na świecie coraz powszechniej panują bieda i głód. Z tych negatywnych energii, będących wykroczeniami przeciw wszechprawu życia, jedności, rozwijają się tak zwane matryce. Są to skupiska jednakowych lub podobnych energii, podporządkowane tym ludziom, którzy przejęli tego rodzaju błędną postawę.

Po śmierci ciała człowieka, gdy przebiegnie stosowny kosmiczny proces, dusza może wykorzystać taką matrycę, taki odpowiadający jej energetyczny kokon o tej samej wibracji, żeby ponownie się wcielić, czyli żeby znów powrócić do ciała.

Zapewne wielu zada sobie pytanie: Co jest zapisane w matrycy? Jeśli mówimy o matrycy, kokonie promieniowania w materialnym kosmosie, to oznacza to matrycę jako energetyczne ciało na ewentualną nową inkarnację duszy, która dziś jest jeszcze w człowieku. Człowiek określa drogę swojej duszy i po śmierci ciała może się ona wcielić, zgodnie z tym, co przygotował człowiek. Komponenty składające się na matrycę tworzy zawsze samodzielnie obecny człowiek. Energie przywiązane do Ziemi mogą wywodzić się z nieprzyjaznej postawy człowieka, negatywnych komponentów jego odczuwania, doznawania, myślenia, mówienia i postępowania. Może to być np. błędne nastawienie w formie masywnych roszczeń wobec bliźnich i Ziemi. Z tych energii powstać może matryca do wcielenia.

Matryca składa się zatem z energetycznego promieniowania. Zapisane są w niej na przykład budowa przyszłego człowieka, wszystkie składniki przyszłego ciała. Wszystkie narządy, tkanki są już energetycznie zarysowane. Zarejestrowane są zatem wszystkie narządy i komórki, wszystkie elementy ciała, niezależnie od tego, czy w obecnym człowieku pracują słabo czy silnie i zdrowo. Języczkiem wagi są zawsze zawartości sposobów zachowania danego człowieka. Skoro policzony jest nawet każdy włos na naszych głowach, czyli ma znaczenie, to tym bardziej można być pewnym, że cały przyszły człowiek w ewentualnej kolejnej inkarnacji duszy bazuje na fundamencie obecnego człowieka.

Każdy człowiek w każdej chwili sam decyduje, czy nada swojej duszy energetycznie wyższą jakość życia, czy zepchnie ją w niższe wibracje ciążące ku Ziemi. W całej nieskończoności nie ma przypadków. Każdy z osobna sam decyduje o sobie. To nie przypadek, w jakiej rodzinie, w jakim kręgu ludzi inkarnuje się nowy człowiek. On przynosi ze sobą to, co jako człowiek spowodował w poprzednich inkarnacjach i czego dotychczas jeszcze nie zadośćuczynił.

W szacie ziemskiej nowy człowiek ponownie może podjąć decyzję, co chce zrobić ze swoim ciałem i duszą. Może dalej osłabiać swoje słabe narządy; może je też jednak wzmocnić i zapewnić swojemu ciału siłę i dobre samopoczucie – znów zgodnie z zawartością komponentów całego swojego zachowania.

Matryce są więc polami energii, które magnetycznie przyciągają dusze o tym samym lub zbliżonym poziomie wibracji; pojedyncza matryca jest stworzona przez zachowanie żyjącego wcześniej człowieka. Jeśli człowiek popełnił poważne wykroczenia przeciw życiu, to tą drogą dusza może ponownie się inkarnować poprzez stworzony przez swojego poprzedniego człowieka energetyczny kokon promieniowania, czyli może ponownie żyć jako człowiek.

To samo dotyczy bandytów, morderców, przestępców, podżegaczy wojennych, którzy nie rozpoznali swojej winy, a zatem nie prosili o przebaczenie i z braku zadośćuczynienia nie uzyskali wybaczenia. Ich dusze wracają najczęściej z identycznymi zbrodniczymi skłonnościami. Bez wybaczenia i zadośćuczynienia przyczyny pozostają w mocy.

Zgodnie z kosmicznym prawem podobne przyciąga podobne; każdy rodzaj energii dąży więc do sobie podobnych.

Powinniśmy sobie przede wszystkim uzmysłowić, że wszystkie błędne zachowania, które pamiętamy z przeszłości albo które jeszcze nas dopadają i nie są zniesione, wszystko nieoczyszczone jest zapisane. Jak już wspomniano, tę sprawiedliwą zasadę nazywamy „księgowością Boga, księgowością kosmosów."

*Wszystko jest precyzyjnie zapisane
– zatem: Korzystaj z chwili, korzystaj z dnia!*

Powtórzmy: Nic, naprawdę nic nie ginie. Żadna energia nie może zniknąć – ani ta dobra, ani mniej dobra, ani zła.

Każdy człowiek zmienia się w biegu swojego życia, zmienia się jego sposób myślenia i mówienia, jego postępowanie; całe jego zachowanie podlega energetycznym przemianom. Każda zmiana w energetycznej strukturze sił, która przecież opiera się na przekształcaniu energii, każdy choćby najdrobniejszy spadek sił – wszystko jest precyzyjnie zaksięgowane pod „winien" lub „ma" w kosmicznej księgowości.

Każdy człowiek i każda dusza jest zdany na magnetyczne nici splecione niczym lina, która jest niezbędna jak przewód kroplówki, przez który zasila go materialny kosmos i kosmos o bardziej subtelnej strukturze.

Kosmicznej księgowości, buchalterii Boga, nie umyka żaden szczegół. Ciała niebieskie materialnego kosmosu zapisują, aktualizują i przekształcają energie odpowiednio do zachowania każdego człowieka z osobna.

We wszystkich kosmosach obowiązuje to samo prawo, także odnośnie postępowania wobec świata zwierząt, roślin i minerałów, wobec całej Ziemi: co człowiek sieje, to zbierze.

Nic nie ginie. Każde pojawianie się i przemijanie na Ziemi i ponad nią zostawia swój ślad w materialnym kosmosie. Dokładnie zapisane jest każde wyciągnięcie pomocnej dłoni, a także każda przemoc wobec ludzi, przyrody i zwierząt, wobec całej Ziemi, a wszystko to jest w każdej chwili aktualizowane odpowiednio do nastawienia człowieka. Dziś jesteśmy wolni. Jak odnosimy się do swoich bliźnich? Jezus uczył: niech jeden niesie ciężar drugiego; pomagajcie i służcie sobie wzajemnie. Jeśli kogoś słabszego od siebie uważamy za gorszego, to taka zawartość naszych myśli i zachowania wnika też w naszą duszę. Przez taki sposób zachowania osłabiamy siebie samych. Dlatego Jezus, Chrystus, powiedział: *Co chcesz, aby ci inni uczynili, uczyń im najpierw.* Inaczej mówiąc: *Nie czyń drugiemu, tego, co nie chcesz, aby on tobie uczynił.* Powinniśmy to sobie często przypominać, podobnie jak życiową regułę: Korzystaj z chwili, korzystaj z dnia!

W nieskończoności nie ma stagnacji.
Wszystko jest w ruchu
– wszystko jest prowadzone i kierowane

Wszystko jest prowadzeniem, wszystko jest kierowane. W trójwymiarowym świecie na Ziemi występują cztery pory roku: wiosna, lato, jesień i zima, z ich specyficznymi cechami i różnicami. Kto nimi steruje? Wszelkimi stanami i ich zmianami w trzech wymiarach kieruje materialny makrokosmos.

Promieniowanie materialnego makrokosmosu wpływa nie tylko na niezmierzoną różnorodność ziemskich form życia, ale także na pole magnetyczne Ziemi. Według pola magnetycznego orientują się zwierzęta, wpływa też ono na rośliny. Pomyślmy o rybach, o wędrówkach waleni, ale też o wędrówkach węgorzy – skąd zwierzęta wiedzą, że w danym czasie mają się znaleźć w danym miejscu, żeby się rozmnożyć? Podobnie żółwie morskie potrafią zawsze wrócić na plażę, na której się wylęgły. Wiadomo również, że zmysł orientacji gołębi pocztowych bazuje na polu magnetycznym Ziemi. Co innego niż pole magnetyczne może być skutecznym drogowskazem dla ptaków wędrownych? Istnieje wiele takich przykładów. Możemy tu wspomnieć o kilku, żeby uświadomić sobie, jak wiele znamy w przyrodzie sytuacji kierowania zachowaniem istot żywych przez magnetyzm.

Rodzime zwierzęta zmieniają sierść – kto o tym decyduje i reguluje ten proces? W każdej porze roku materialny kosmos działa jako potężny regulator.

Dla lepszego zrozumienia: Cała Ziemia, z jej bogactwami naturalnymi, królestwami przyrody, niezliczonymi formami życia zwierzęcego, jest w jedności ze Stwórcą i nie może się obciążyć. Czyli to tylko człowiek wykracza przeciw Wszech-Prawu jedności, a nie zwierzęta czy rośliny, nie Matka-Ziemia z jej formami życia i zasobami.

Bóg, niezmierzona Wszech-Siła, Życie, jest genialnym „reżyserem" we wszystkich i we wszystkim – od najmniejszego do największego. Zwierzęta, rośliny, minerały, każda forma życia, łącznie z mikroorganizmami, podobnie jak barwy, kształty i zapachy przyrody w jej bieżącym stanie świadomości – który wypływa od wiecznego Stwórcy Bytu – są kierowane i prowadzone przez materialny makrokosmos.

Nigdzie w całej nieskończoności nie ma stagnacji; wszystko – każda planeta, wszelkie siły bytu – jest w nieustannym ruchu.

Wszystko, co my, ludzie, w swoim ograniczeniu, w swojej hardości, egoizmie i z braku rozsądnego myślenia wytrącamy z porządku, co robimy wbrew kosmicznej harmonii, wbrew jedności, jest zapisywane w makrokosmosie i na koniec rejestrowane w kosmosie o bardziej subtelnej strukturze jako zachowanie niewłaściwe – my, ludzie, nazywamy to też grzechem. Tylko człowiek wywołuje na Ziemi zniszczenie i chaos.

Wszystko jest energią. A skoro żadna energia nie ginie, jest sprawiedliwie i niezniszczalnie zapisywana, w każdej chwili aktualizowana i dlatego jest w ciągłym ruchu.

My, ludzie, nie możemy tak po prostu wyłamać się z komunikacji z kosmiczną księgowością, umknąć przed swoim „winien” i „ma”, możemy tylko zmienić sposób myślenia i zadośćuczynić.

*Wykroczenia przeciw
kosmicznemu życiu – i ich skutki*

Co jest wykroczeniem przeciw kosmicznemu życiu? Sprzeczne z kosmicznym życiem, przeciwne Duchowi stworzenia są na przykład: beztroskie zabijanie zwierząt, dręczenie zwierząt, hodowanie ich masowo na rzeź, zjadanie zwierzęcych zwłok i tym podobne.

Wszystko, ale to wszystko co my, ludzie, wyrządzamy planecie Ziemi– na przykład wycinanie lasów, miażdżenie skał, zmiana biegu rzek, budowa tam, drapaczy chmur, elektrowni atomowych i innych obiektów – wszystko jest zarejestrowane przez makrokosmosy i w szczegółach przypisane odpowiednim ludziom.

Rozpoznać i zmazać trzeba każdy udział winy. Tu nie ma żadnych usprawiedliwień. Nie da się tego uniknąć. Droga oczyszczania to ta sama droga, której uczył Jezus z Nazaretu: pożałuj, oczyść, napraw to, co można naprawić, i nie rób więcej tego samego lub podobnego. Tę drogę należy przejść z pełną odpowiedzialnością, bez skrótów i wyjątków; to jest wówczas również droga duszy, droga zapominania.

Bóg nie prowadzi nas na smyczy i do niczego nie zmusza. Jego święte prawo to miłość i wolność. My, ludzie, jesteśmy nosicielami kosmicznych dusz obdarzonych wolnością. Posiadamy rozum, żeby rozważać i stosować odpowiednią miarę. W Duchu Bożym jesteśmy więc wolnymi istotami, odpowiedzialnymi za swoje czyny i bezczynność.

Wielokrotność wykroczeń przeciw życiu, każdorazowa motywacja i powody wykroczenia, sprawy z nim związane – wszystko tworzy sprawiedliwy i odpowiedni grawerunek zarówno na duszy, jak i na fizycznym ciele. Jak wspomniano, rejestry obu makrokosmosów są precyzyjne i sprawiedliwe. Kosmiczna księgowość zapisuje między innymi nasze zachcianki, agresję, ale też gotowość do pomocy, każde pozytywne działanie; każdy szczegół jest energią i jest zapamiętany. Wszystko ma znaczenie; nawet zupełny drobiazg, o którym rozmawiamy, trafia do rejestrów jako zapis. Do każdego człowieka i do każdej duszy wraca absolutna sprawiedliwość ze ścisłej księgowości kosmosów.

Jak wspomniano, wszystkie siły, wszelkie energie są w ciągłym ruchu. We wszystkim obecna jest Wszech-Świadomość, wieczna Inteligencja, Bóg, życie, ruch. Istnieje więc rejestr, który zmienia się nieustannie na za lub przeciw.

W galaktykach, w tak zwanych drogach mlecznych, znajdują się skupiska gwiazd. Wiele z tych skupisk stanowi kosmiczne pola magnetyczne, utworzone i nadal tworzone między innymi przez karmę zbiorową. Są to więzy podobnie wibrujących energii określonych typów ludzi, na przykład takich, którzy razem popierają wojny, produkują broń i dopuszczają do wybuchu wojen; takich, którzy skazują bliźnich na śmierć; takich, którzy narzucają niewolę i wymuszają prostytucję; takich, którzy nie przeciwdziałają pladze głodu na świecie, choć mają możliwości udzielania pomocy. W tych kosmicznych polach magnetycznych zapisane są również obciążenia ludzi, którzy gromadzą majątek, gdy inni cierpią z powodu biedy i chorób; obciążenia ludzi celowo zabijających zwierzęta, popierających i prowadzących doświadczenia na zwierzętach; ludzi wyzyskujących zasoby ziemi, wycinających drzewa w okresie wegetacji, niszczących wybrane gatunki roślin i temu podobne.

Wszelkie takie karmiczne wykroczenia tworzą łącznie karmę zbiorową. Ludzie tego rodzaju, zależnie od swego udziału, są też nawet związani karmą świata. Konkretne energetyczne zależności obciążeń danego człowieka podlegającego kosmicznym polom magnetycznym, karmie grupowej lub karmie świata, są szczegółowo zapisane w jego duszy. Negatywne zapisy w duszy także są w ciągłym ruchu. Każde chwilowe przechylenie w kierunku dobra lub zła jest dokładnie mierzone, ważone i odpowiednio do swojej energii aktualizowane. Poza duszą całe sprzeczne z prawem zachowanie, każdy jego szczegół, jest rejestrowane w odpowiednich konstelacjach planet, o subtelniejszej strukturze, gdzie dusza będzie je znosiła lub skąd zejdzie do ponownego wcielenia w materialny kosmos zasilana przez matrycę, czyli kokon.

Każdy człowiek, każda dusza
ma wolną wolę.
Każdy idzie własną indywidualną drogą

Każdy człowiek i każda dusza jest więc mikrokosmosem we Wszech-Makrokosmosie. Drogi każdego człowieka, drogi każdej duszy, zasadniczo różnią się od siebie, ponieważ każdy człowiek każdego dnia po swojemu programuje własnymi decyzjami – za i przeciw – siebie i swoją duszę. Dlatego każdy człowiek idzie własną drogą przez góry i doliny własnego ziemskiego bytu, a w nim jego dusza. Później, po odłożeniu ziemskiej powłoki, czyli po śmierci ciała, dusza wędruje dalej do odpowiadających jej konstelacji planet materialnego makrokosmosu, następnie kosmosu o bardziej subtelnej strukturze, aż wreszcie dotrze do domu, do Królestwa Bożego, do absolutnego, makrokosmosu o subtelnej strukturze. W niektórych okolicznościach jest to długa kosmiczna wędrówka. Dusza może też na własne życzenie przerwać tę bezpośrednią wędrówkę i przejść do wcielenia, do ponownego stania się człowiekiem.

Każdy człowiek, każda dusza ma wolną wolę. Z tego względu każdy człowiek sam określa przebieg swojego życia, własnym sposobem zachowania, zgodnym lub sprzecznym z kosmicznym Wszech-Prawem, które jest życiem, w ten sposób też wędrówkę swojej duszy. Wszelkie przejawy sprzeczne z kosmicznym prawem, przeciwne życiu, obciążają duszę danej osoby i jej fizyczne ciało. Zależnie od intensywności obciążeń formują się z nich zdarzenia losowe, niedostatki i choroby.

Ponad wszystkim jest jednak miłosierdzie Boga. Ono wzywa: Korzystaj z chwili, korzystaj z dnia, rozpoznaj swoje wzory zachowań! Poczuj skruchę, oczyść, napraw to, co można i nie rób więcej tego samego ani podobnego. To dotyczy zawartości wszystkich naszych uczuć, myśli, słów i czynów, wszystkich szkodliwych pragnień takich jak nałogi, wyzysk, gwałcenie, chęć wykorzystania innych.

Jak zacytowano na wstępie, Jezus z Nazaretu uczył: *Pogódź się ze swoim przeciwnikiem szybko, dopóki jesteś z nim w drodze, by cię przeciwnik nie podał sędziemu, a sędzia dozorcy, i aby nie wtrącono cię do więzienia. Zaprawdę, powiadam ci: nie wyjdziesz stamtąd, aż zwrócisz ostatni grosz.*

Przekształcenie tego, co negatywne,
obciążające, w to co pozytywne
– lekkie i o dużej energii

Wiemy już, że wszystko jest energią. Energia jest w ciągłym ruchu i podlega przemianom. Jeżeli my, ludzie, uczymy się na własnych błędach i dążymy do przyjęcia kosmicznego Wszech-Prawa, Wszech-Świadomości, Ducha miłości, jedności, wolności i pokoju, jeśli obserwujemy siebie, żeby naprawdę zrobić kroki do życia w wymiarach kosmicznych, to w naszych duszach i w nas, ludziach, przebiega następujący proces: To, co negatywne, ciężkie, spiętrzenie negatywnej, ściągającej w dół energii, stopniowo przekształca się w pozytywne, lekkie pełne siły energie. Stajemy się radośni, szczęśliwi i, jeśli to jest dobre dla duszy, zdrowsi. Skoro człowiek jest mikrokosmosem w obu makrokosmosach, ten sam proces dokonuje się i w duszy, i w człowieku.

Drogą przekształcania energii, duszy przybywa światła, a ciału ubywa – na poziomie wibracji – ciężaru. Ziemskie życie takiego człowieka staje się bardziej zrównoważone; człowiek jest bardziej wyrozumiały, dostępny i rozsądny. Ogólnie można powiedzieć, że człowiek wszedł na długość fali pozytywnego życia.

*Sprzeczne z prawem działanie,
w którym bierze udział wielu ludzi,
tworzy karmę zbiorową*

Powtórzmy jeszcze raz: Rejestrowane jest całe zachowanie każdego człowieka – zawartość jego myślenia i działania, wszelkie wady i zalety, każdy przejaw dobrego lub złego stosunku do ludzi i królestw przyrody. Każdy czyn i każde zaniechanie jakiegoś czynu także i ciężkie wykroczenia, pokrywające się ze zbliżonymi energiami zła u ludzi o podobnym nastawieniu – tworzą razem karmę zbiorową lub wiążą się z już istniejącą karmą zbiorową tego rodzaju. Ewentualnie, zależnie od intensywności winy, stają się one składnikiem karmy świata. To wszystko bez wyjątku zapisuje materialny makrokosmos i jednocześnie w odniesieniu do każdej duszy czyni to szczegółowo kosmos o subtelniejszej strukturze. Są to więc konstelacje planet, które energetycznie podporządkowują dusze, zależnie od zakodowań człowieka.

Do dalszego zastanowienia się, niech posłuży nam przykład, który ludziom wydaje się być pozbawiony znaczenia, a ma natomiast skutek: Ktokolwiek ścina drzewa w pełni soków dla ozdoby, motywowany tradycją, może być pewien, że jest zarejestrowany w odpowiednim polu karmy zbiorowej w makrokosmosie oraz w kosmosie o subtelniejszej strukturze. Znaczenie tego wykroczenia przeciwko życiu dla każdego z osobna, zależy od tego, jak często i intensywnie to czyni.

Wielu ludzi przeżywa dni bez refleksji, bez zastanawiania się – „Co powoduję moim zachowaniem?". Ludzie masowo, bez namysłu, przywiązują się do tradycji. W rejestrach makrokosmosów taka tradycyjna, powtarzająca się rabunkowa gospodarka przyrodą jest przypisana do odpowiedniej karmy zbiorowej lub już do karmy światowej.

Nieliczni wiedzą, że kiedy ścinane jest jedno lub więcej drzew w pełni soków, te same formy życia, czyli drzewa tego gatunku, odczuwają cierpienie swojego gatunku i to na całej Ziemi. To samo dotyczy zwierząt. Dręczenie i celowe zabijanie zwierząt, ćwiartowanie ich ciał – dokonane na jednym – jest odczuwane jako cierpienie przez wszystkie zwierzęta tego rodzaju na całej Ziemi. Całą miarę cierpienia szczegółowo rejestrują makrokosmosy.

To samo dotyczy troski o zwierzęta, obdarzania ich miłością i opieką do ich naturalnej śmierci – wszystko zapisane jest w obu makrokosmosach. Jest też w nich zapisany każdy, kto szanuje i chroni przyrodę, kto dostrzega w przyrodzie życie i je poważa, kto otacza przyrodę opieką.

*Makrokosmosy o subtelniejszej
i o zagęszczonej strukturze – ich zadania
podczas zachodzących kosmicznych zdarzeń*

Bóg jest Duchem. Wyjaśnijmy, żeby dobrze zrozumieć, pojęcie „Bóg", przypisywane przez wielu tradycji kręgu kultury Zachodu: Duch nieskończoności jest kosmiczną Wszech-Świadomością. Tę kosmiczną Wszech-Świadomość ludzie, zależnie od kręgu kultury, określają mianem: absolutna Inteligencja, Allah, Jehowa lub Byt. Jak wspomniano, w kręgu kultury Zachodu Wszech-Duch, Duch nieskończoności, jest nazywany Bogiem. W każdym przypadku jest to ten sam Duch, ta sama uniwersalna, wszechmocna siła nieskończoności o najwyższym poziomie wibracji, Wszech-Świadomość. Duch nieskończoności, Wszech-Świadomość, obecny we wszystkim jako życie, jest jednością. Wszech-Świadomość, nieskończony Duch będący jednością, składa się z niezliczonych aspektów świadomości.

Dwa makrokosmosy – makrokosmos materialny, w którym mieści się głównie trójwymiarowy świat, oraz makrokosmos o subtelniejszej strukturze – w którym stosownie do stanu swojej świadomości żyją nie posiadające ciała dusze – są tylko obszarami upadku. Podczas określonego czasu wdycha je wieczna Wszech-Świadomość. W tym procesie zostaną przekształcone one w subtelne energie i ponownie włączone w wiecznie istniejące Królestwo Boże, w absolutny makrokosmos. Zbuntowane boskie istoty otrzymały z Królestwa Bożego planety częściowe o subtelnej strukturze, które po niewyobrażalnie długim czasie przekształciły się w makrokosmos o subtelniejszej strukturze i dalej w makrokosmos o zagęszczonej strukturze, tak aby zbuntowane istoty miały miejsce pobytu. Oba makrokosmosy – o strukturze subtelniejszej i zagęszczonej – są więc uwarunkowane czasem.

Kosmos materialny jest rejestrem trójwymiarowego świata – świata, który istoty upadku i ludzie stworzyli sobie, odrzucając Boga. W makrokosmosie materialnym znajdują się, jak wspomniano, tak zwane matryce – energetyczne kokony, służące duszom do ich ewentualnego ponownego wcielenia. Dzięki nim – jako ludzie – znajdują w trójwymiarowym świecie odpowiednie dla siebie warunki ziemskiego życia. Możliwość ta – przychodzenia i odchodzenia – uwzględniona jest w wolnej woli człowieka.

Wszechobejmujące działanie wiecznego Ducha, kosmicznej Wszech-Świadomości

Kosmiczna Wszech-Świadomość jest Duchem jedności. Jak wspomniano, działa nie tylko we wszystkich gatunkach roślin, w każdym zwierzęciu, w najdrobniejszych, niepozornych stworzeniach, na przykład w mikroorganizmach – Wszech-Duch, Wszech-Świadomość, jest obecny wszędzie. Do Wszech-Świadomości należą również esencje wszystkich minerałów. Wszystko, naprawdę wszystko, zawiera nieskończone, wiecznie trwające Życie, którym jest Wszech-Świadomość, w którym trwa ciągła ewolucja. Każdy atom, każda cząsteczka, najdrobniejszy składnik kosmosu jest nośnikiem Wszech-Świadomości, nośnikiem wiecznie działającego Życia.

Wszyscy ludzie i dusze należą do Wszech-Świadomości, do życia. Z kolei w Królestwie Boga wszystkie czyste istoty są skompresowaną Wszech-Świadomością; ich duchowe ciało jest boskie, ale one nie są Bogiem. Różnica między „należeniem do", to znaczy *należeniem* do Wszech-Świadomości, a *byciem* skompresowaną Wszech-Świadomością jest następująca, powtórzmy:

Kosmosy, materialny i o subtelnej strukturze, są przetransformowaną na niższy poziom energią, odłamkami Królestwa Bożego. Jak już wspomniano, oba te kosmosy mają ograniczony czas trwania. Służą ludziom i duszom, istotom, które odwróciły się od Wszech-Świadomości, od Boga. Odwrócenie się od Boga nazywane jest też grzechem.

Królestwa przyrody, wszystkie minerały, wszelkie siły na Ziemi: zwierzęta, rośliny, minerały i inne, są nieobciążone. Są dane ludziom do opamiętania się, rozpoznania i zawrócenia, dane, by ludzie wydostali się z pułapki egoizmu i odnaleźli jedność, którą jest Bóg, ponieważ całe życie należy do boskiej jedności. Człowiek w głębi swojej duszy należy do tego samego korzenia, do jedności w Bogu. Człowiek w głębi swojej duszy nie jest z tego świata; jego prawdziwa istota pochodzi z Królestwa Bożego, z Wszech-Świadomości BOGA, z wiecznej Inteligencji, i kiedyś powróci do swego wiecznego korzenia miłości, jedności, pokoju i wolności.

I jak długa nie byłaby przed duszą droga – ona, jak wszyscy, pójdzie tą drogą oczyszczenia się ze swoich win, a zarazem drogą zapominania, by ostatecznie znaleźć się jako istota duchowa w wiecznym domu Ojca, w Bogu, swoim Ojcu.

Niestety większość ludzi nie zrozumiała jeszcze, że obciążają siebie, a zatem swoje dusze, występując przeciw jedności, którą jest życie w Bogu, czyli przeciw ludziom, przeciw kosmicznej jedności, przeciw królestwom przyrody, przeciw całej Ziemi. Kto myśli i działa wbrew życiu, grzeszy wobec Wszech-Świadomości, Wszech-Prawa, Ducha wolności i jedności; on wykracza przeciw życiu.

Wielu ludzi opiera się na nauce. Wielu sądzi, że nauka wyjaśnia kosmiczne zależności. Jak to wygląda naprawdę? Naukowcy badają i badają, ale jak dotąd nie zgłębili jeszcze Wszech-Inteligencji, Wszech-Świadomości. Mówią na przykład o tak zwanych czarnych dziurach w materialnym kosmosie, wiedzą, że czarne dziury wciągają całe układy słoneczne i że wewnątrz nich następuje transformacja energii – ale otwarta pozostaje kwestia, po co i dlaczego.

Wszech-Świadomość jest siłą stwórczą, jest Stworzycielem, który działa także w całym obszarze upadku i przekształca energie, kształtuje je dla dobra wiecznego bytu, do którego należy cała nieskończoność. Opierając się na prawie przemiany energii, można by nazwać czarne dziury kosmicznymi „sortowniami", które przekształcają energie części planet i całych układów słonecznych, kierując je do odpowiednich kosmosów. Te energie wracają następnie albo do makrokosmosu o zagęszczonej strukturze lub przechodzą do kosmosu o subtelniejszej strukturze, zależnie od tego, czy życie nadal się rozwija na Ziemi, czy też można je kierować z powrotem do wiecznego prawa, do Wszech-Świadomości.

Jeśli na przykład giną liczne gatunki zwierząt i takie same gatunki nie pojawią się już na Ziemi, to odpowiadające im ciała niebieskie materialnego makrokosmosu zostaną wchłonięte przez czarne dziury i przekształcone w subtelniejsze energetyczne substancje. My, ludzie, nazywamy taką zmianę w materialnym kosmosie „śmiercią" gwiazd. W żadnym wypadku nie jest to jednak śmierć w negatywnym sensie. W szerokim spectrum form życia nic nie znika ot tak sobie. Nic nie rozpada się w nic. W ogóle nie ma czegoś takiego jak „nic"! Istnieje „umieranie" w następującym sensie: przeminąć w jednej formie, by pojawić się w nowej, wznioślejszej formie – bardziej rozświetlonej, bliższej pierwotnej formy duchowej.

Czarne dziury ściągają więc magnetycznie te ciała niebieskie, które potrzebują przekształcenia, ponieważ na przykład z Ziemi wycofały się jakieś gatunki zwierząt.

Podobnie przekształcane są energetycznie sprzeczne z prawem zapisy byłych ludzi, ponieważ ich dusze poszły krok wyżej na drodze oczyszczania się i zapominania. To także powoduje przekształcenie gwiazd i wprowadzenie ich do wyższej świadomości.

Stwórczy Duch, Wszech-Świadomość, działa nieustannie. Działa w kosmosie o bardziej subtelnej strukturze, gdzie przebywają dusze; działa w ziemi, na ziemi, ponad ziemią i w materialnym makrokosmosie. Kieruje siłami, przekształca energie w subtelne substancje, w subtelne siły – bądź ponownie w substancje o bardziej zagęszczonej strukturze, które przekazuje On do materialnego makrokosmosu. To następuje między innymi wtedy, gdy wcielają się dusze lub gdy na Ziemi pojawia się ponownie jakiś gatunek, na przykład zwierząt lub roślin.

Uświadomienie sobie szerszego zakresu współzależności ma wielką wagę, dlatego powtórzmy jeszcze raz. To, czy człowiek na Ziemi tylko przestrzega formacji i tradycji, czy odnosi korzyści z projektów wyzysku ziemi, form jej życia i zasobów i jak duże są te korzyści – wszystko to jest zważone, zmierzone i zarejestrowane odpowiednio do zaangażowania danego człowieka.

Drodzy Czytelnicy, można jeszcze wiele, nieskończenie wiele powiedzieć na temat kosmicznej księgowości, sprawiedliwych rejestrów Wszech-Świadomości. Można zapełnić całe regały książkami, które poruszają zagadnienie człowiek, mikrokosmos w makrokosmosie i dusza w obszarach oczyszczania, wypełnionymi szczegółowymi opisami „winien" i „ma". Mimo to nie zdołano by wyczerpać tematu dotyczącego absolutnej sprawiedliwości Wszech-Świadomości.

*Droga zapominania – droga powrotna
do wiecznej niebiańskiej ojczyzny
dla każdej duszy*

Przemyślmy głębiej temat „Droga zapominania". Droga zapominania jest drogą do wiecznie trwałego, siedmiowymiarowego Królestwa Bożego, do naszej wiecznej ojczyzny, do wiecznego prakorzenia boskiej istoty, który pulsuje w prasednie każdej duszy. Bez względu na to jak często i długo tą drogą idziemy – droga jest nam udostępniona, ponieważ żadna energia nie ginie. Jest to droga duszy, prowadząca przez konstelacje planet makrokosmosu – o bardziej subtelnej strukturze – lub w jej kolejnym wcieleniu jako człowiek. Z reguły nie uświadamiamy sobie dostatecznie często, że nasze duchowe ciało jest w prasednie duszy wieczną kosmiczną energią z Królestwa Bożego; dlatego żadna dusza nie będzie nigdy stracona.

Droga zapominania opisana jest tylko w uproszczeniu, ponieważ jest drogą do siedmiowymiarowego wiecznego królestwa, wiecznego subtelnego makrokosmosu, którego nie da się w pełni i w szczegółach ująć w słowa i pojęcia trójwymiarowego świata. W ziemskim życiu człowieka wszystko jest podporządkowane ograniczeniu do trzech wymiarów, również język. Dlatego to, co spowodowała tzw. myśl upadku, oderwanie od Królestwa Bożego, jest tu opisane prostymi słowami, ułatwiającymi zrozumienie. Wszelkie naukowe wywody i wzory matematyczne wprowadziłyby w wyjaśnienie tych wielkich zdarzeń dodatkowy zamęt. Jak już wspomniano, i tak słowami trójwymiarowego świata da się je przedstawić tylko w ogólnym zarysie. Bóg jest Bogiem sprawiedliwym. Jego siła stwórcza kieruje się przez czas trwania upadku na wsparcie i pomoc dla Jego obciążonych dzieci. Przekształca ona bardziej subtelny i materialny makrokosmos, ponieważ energie te należą do Królestwa Bożego, do absolutnego makrokosmosu.

Jak wcześniej wskazano, my, ludzie, zapominamy wiele ze swojej przeszłości. Jednak nie wszystko zapomniane jest wygaszone, nie wszystko jest rozwiązane i przekształcone w wyższe siły, nawet wtedy, gdy nie możemy lub nie chcemy sobie tego przypomnieć. Często nie chcemy przyjąć tego do wiadomości, nie chcemy skonfrontować się z tym, co obciąża naszą duszę i ciało względem ludzi, przyrody, zwierząt, minerałów, względem całej Ziemi.

Człowieka determinują trzy wymiary. Natomiast jego dusza jest o bardziej subtelnej strukturze. Jest otoczona takim wymiarem, jakim promieniuje odpowiednio do zachowania się człowieka. Z tego powodu nie jest widzialna dla człowieka ani podczas wcielenia, ani po opuszczeniu ciała. To, co dusza pobrała z powodu zachowania się człowieka, człowiek nie może tak po prostu skreślić przez zwykłe wyrzucenie z pamięci; nie może tego uznać za niebyłe.

Po śmierci naszego ciała dusza zabiera ze sobą zarówno to, co pozytywne, jak i to, co nieoczyszczone negatywne, odpowiadające jej postępowaniu jako człowiek. Czy były człowiek zapomniał, chciał zapomnieć, nie mógł sobie przypomnieć, nie gra żadnej roli – zapisane pozostaje zapisane.

Droga duszy po opuszczeniu
jej fizycznego ciała

Zgodnie z prawami natury ciało materialne należy do ziemi. Opuszczając ciało dusza stopniowo oddziela się od śmiertelnej powłoki, ciała, i od razu przypisana jest do innego stanu skupienia świadomości, do odpowiedniego dla niej wymiaru.

Dla zmarłego może się wówczas wyłonić problem. Są to powiązania z ludźmi, którzy byli z nim bardzo zaprzyjaźnieni, przeżyli z nim wiele lat, wspólnie z nim osiągnęli coś w życiu doczesnym i zbudowali dla swoich rodzin lub znajomych coś, co miało dla nich wartość. Pozostali przy życiu nie widzą duszy bliskiego sobie człowieka. W przeciwieństwie do tego dusza widzi ludzi, z którymi żyła i działała jako człowiek, ponieważ magnes, czy w formie duszy, czy człowieka, przyciąga sobie podobne. W pierwszym okresie, po śmierci ciała, dusza przebywa jeszcze wśród bliskich sobie osób. Żyje jeszcze tym, czym była jako człowiek, tym, co dla człowieka znaczyły ojczyzna, bezpieczeństwo, zysk, pozycja społeczna i tym podobne, czyli tym, co miało znaczenie dla człowieka. Dusza tego człowieka nie może się tak po prostu oddalić. Przyciąganie do zewnętrznych wartości jest zbyt silne. Magnes jest polem, w którym były człowiek czuł się dobrze, gdzie trwał w swoich przyzwyczajeniach, cieszył się uznaniem, posiadał majątek, osiągał sukcesy i tak dalej. Jeśli dusza mimo rozpoznania, że teraz jest duszą, nie może tak po prostu od tego odejść, to pozostaje ona w sobie bliskim, ziemskim otoczeniu, niewidoczna dla ludzkich oczu.

Początkowo nie chce przyjąć do wiadomości docierających do niej impulsów odnośnie dalszego istnienia jako dusza, ponieważ poruszają one w niej wiele niezałatwionych spraw, które jako człowiek zapomniała lub chciała zapomnieć. Zapisy w materialnym makrokosmosie stają się dla niej coraz bardziej wyraźne. To, co zapomniane pojawia się w różnych ciągach obrazów, które pokazują duszy, że te ponownie aktualne i rozpoznawalne negatywne aspekty mogłaby teraz znieść w swoich uczuciach i odczuciach, czyli oczyścić, żeby się od nich uwolnić i móc o nich zapomnieć.

W ciągach tych obrazów ożywia się całe cierpienie, ból i żal, które wyrządziliśmy naszym współbraciom przez nasze egoistyczne aspiracje lub obojętność. Ponieważ te obrazy wyryte są w naszej duszy, nie da się z nich tak po prostu otrząsnąć, lecz będziemy je przeżywać na własnej duszy. Jako dusze zobaczymy, poczujemy i przecierpimy sami w naszym duchowym ciele ból, smutek, samotność, opuszczenie, cierpienie i troski.

Dlatego Jezus z Nazaretu uczył i niech będzie to powtórzone:

Pogódź się ze swoim przeciwnikiem szybko, dopóki jesteś z nim w drodze, by cię przeciwnik nie podał sędziemu, a sędzia dozorcy, i aby nie wtrącono cię do więzienia. Zaprawdę, powiadam ci: nie wyjdziesz stamtąd, aż zwrócisz ostatni grosz.

Oprócz świadomości makrokosmosu o zagęszczonej strukturze, istnieje także konstelacja planet o bardziej subtelnej strukturze, która również energetycznie przekazuje duszy wskazówki, dotyczące jej kolejnego miejsca przeznaczenia.

Jeśli my, ludzie, uświadomimy sobie, że każdy człowiek umiera sam i sam idzie drogą zapominania, to dużo łatwiej przyjdzie nam zrozumieć, że każdy z nas jest niepowtarzalną indywidualnością. Otacza się ona energetycznie własnymi, osobistymi danymi. Z nich składa się fluid człowieka, a w zaświatach fluid jego duszy.

Przebieg dnia jest specyficzny dla danego człowieka, indywidualnie ukształtowany. To wszystko, co dzieje się w ciągu dnia, warianty zachowania się człowieka, temu asystuje materialny makrokosmos. Cały zakres potrzeb, wszelkie nawyki i przyzwyczajenia to energie, często połączone z energiami podobnego rodzaju są zapisane w makrokosmosie jako kolektywy.

Żadna energia nie ginie. Wszystkie te osobiste rzeczy i przyzwyczajenia, które ostatecznie przynależą do danego człowieka, są zapisywane przez materialny makrokosmos. Również i wtedy, gdy cechy osobowości automatycznie wiążą się z bytem w trójwymiarowym świecie i nas nie obciążają, stanowią mimo wszystko część drogi zapominania.

Wszystko, co człowiek codziennie robi odruchowo – bo zwyczajnie wymaga tego ziemskie życie – nie jest potrzebne duszy po wyjściu z ciała. Ona żyje w innych wymiarach, w bardziej subtelnych. Jednak długo zachowuje swoje przyzwyczajenia. Każdy czyn jest energią.

Wyjaśnijmy jeszcze raz. Wszystko, co wiąże się z człowiekiem, z trójwymiarowym światem, nawet jeśli nie obciąża duszy, jest przez nią zabierane do innego świata, w zaświaty. Dusza musi odłożyć na drodze zapominania również i to, co jej nie obciąża.

Jednak wszystko, co obciąża duszę, zapisują konstelacje planet makrokosmosu o bardziej subtelnej strukturze. Poważne obciążenia duszy przez człowieka mogą się w niej głęboko odcisnąć i, jak wspomniano, uformować dodatkowo w materialnym makrokosmosie tak zwaną matrycę, określaną inaczej jako kokon. W ten sposób taka poważnie obciążona dusza ma możliwość ponownego wcielenia się. Ona poczuje potrzebę ponownego wcielenia się, jeśli nadal będzie chciała tak samo postępować i żyć jako człowiek. Jeśli dwoje ludzi, mężczyzna i kobieta, mający podobne promieniowanie jak dana dusza, będzie płodzić dziecko, to dusza zrobi wszystko, żeby urodzić się jako dziecko tej pary. Nie ma przypadków – równe sobie i podobne przyciąga się nawzajem.

Dusza bez ciała przywiązana do swojego dawnego otoczenia

Nic nie dzieje się przypadkiem! Wszystko jest prowadzone, wszystko jest kierowane; wszystko we właściwym momencie się uaktywnia i wcześniej czy później się ujawni. Niejedna dusza, która jako człowiek przywiązała się do rzeczy doczesnych, ma problem z oderwaniem się np. od miejsc, krajów, pieniędzy i dóbr. Korzystne i przyjemne dla człowieka otoczenie przywiązuje niejedną duszę. Wrażliwe osoby zauważają obecność duszy kogoś niedawno zmarłego. Częste są doniesienia:

Zmarła matka – ojciec, dziadek, babcia czy nawet dziecko, które zmarło w rodzinie – jest jeszcze w pobliżu. Jest to obecność wprawdzie niewidoczna, ale wyczuwalna. Ludzie o mniejszej wrażliwości, postrzegający ten świat jako jedyną rzeczywistość, takie doznanie kontaktu odrzucą jako złudzenie lub przejaw rozczulania się.

Jest całkiem możliwe, że duże trudności z porzuceniem znajomego otoczenia może mieć niejedna dusza, która jako człowiek dysponowała dużym majątkiem, wiodła ekstrawaganckie życie pełne przyjęć i luksusu. Jeśli żyła w miejscu pięknie położonym, zyskiwała uznanie swoim stanem posiadania i tym podobne. Wszystko, co człowiek uznaje za własne i co do siebie przywiązuje, staje się często dla duszy hamulcem utrudniającym odejście od tego stylu życia.

Jeśli dusza nie może oderwać się od swojego otoczenia, to w pewnych okolicznościach dalej żyje wśród ludzi, z którymi żyła jako człowiek, korzystając z bogactwa i obfitości ziemskiego życia. Próbuje się włączać w rozmowy swoich bliskich, ale nie jest słyszana ani dostrzegana. Dla takiej duszy jest to nie tylko bardzo bolesne, ale i nie do zaakceptowania. Takie sytuacje często pobudzają do ponownego wcielenia, żeby znów być człowiekiem.

Oto inny podobny przykład. Wrażliwy człowiek, który był bardzo bliski zmarłemu, czuje czasem, jak po plecach przebiega mu dreszcz, i myśli: „Dusza mojego zmarłego ojca jeszcze tu jest; słucha i mówi do mnie”. Takie wrażenie nie daje się zagłuszyć i taki człowiek twierdzi: „Naprawdę to czuję”. Dlaczego dreszcz przebiega mu po plecach? Ponieważ dotknęła go dusza; dusza chce nawiązać kontakt, daje znać o sobie.

Dreszcz odczuwany przez niektórych jest promieniowaniem ciała o bardziej subtelnej strukturze, duszy, czyli fluidem otaczającym duszę. Promieniowanie duszy jest znacznie chłodniejsze od promieniowania ciała; stąd bierze się lekki dreszcz na plecach, wzdłuż dróg nerwowych.

Bez względu na to, w jakim otoczeniu dorastał i żył wcześniej człowiek, dusza najczęściej pozostaje w tym miejscu przez jakiś czas i próbuje żyć w tym samym kręgu, tak jak przywykła jako człowiek. Nierzadko, poprzez promieniowanie makrokosmosu, musi ona boleśnie doświadczyć, że nie zauważają jej dawni przyjaciele i rodzina. Materialny makrokosmos wpływa na duszę intensywnością promieniowania, próbując doprowadzić ją do tego, żeby dostrzegła swoją sytuację. Dusza powinna wreszcie pojąć, że jej do niedawna ukochane otoczenie jest poza jej zasięgiem i że ma ona stopniowo przejść poprzez rejestry drogę, którą swoim zachowaniem wytyczył jej człowiek. Promieniowanie zachęca ją do pójścia drogą zapominania przez materialny makrokosmos do odpowiedniego obszaru oczyszczania, do konstelacji planet o takiej samej jak jej wibracji.

Jeśli dusza zrozumiała, o co chodzi, zaczyna czuć przyciąganie innych sytuacji z życia, czyli swoich aktywnych zapisów dokonanych za życia, to stopniowo rusza drogą zapominania, oddalając się krok po kroku od swojego byłego ziemskiego otoczenia. Przy tym wiele ważnych dawniej spraw okazuje się być bez znaczenia. Droga zapominania oznacza między innymi stopniowe – często bardzo trudne – odrywanie się od tego, co dawało duszy poczucie bezpieczeństwa i oparcie, kiedy była człowiekiem. Powoli, bardzo powoli dusza nabiera dystansu do swojego wcześniejszego obszaru działania jako człowiek. Idzie drogą, którą pokazują jej materialny makrokosmos i konstelacja planet kosmosu o bardziej subtelnej strukturze.

Dusza, która nauczyła się odczytywać promieniowanie i wskazówki obu kosmosów, zaczyna się odrywać, nawet jeśli tęsknota za minionym ziemskim życiem początkowo mocno ją wiąże. Rozpoznanie, jak gorzkie by ono nie było, wskazuje jej drogę, drogę zapominania, by w innym wymiarze usunęła to, co na niej ciąży. Dusza stopniowo pozostawia za sobą poczucie zimna i ciepła, rytm snu i czuwania, znajome przedmioty, piękne widoki, luksusowe życie, zwyczaje jedzenia i picia, a także na przykład ulubiony, wygodny fotel, w którym jako człowiek przesiadywała godzinami, kontemplując idylliczne widoki.

Mówiąc ogólnie, każdy człowiek i każda dusza muszą odnaleźć w sobie drogę do swojego źródła i pójść nią spełniając prawa Nieskończonego.

Powtórzmy: Zapominanie zaczyna się w momencie odwrócenia się duszy od potrzeb i przyzwyczajeń minionego człowieka, od nawyków życiowych i luksusów. Wrażliwy człowiek zauważa wtedy, że duszy nie ma już w pobliżu. Jeśli dusza ruszyła drogą zapominania, budzą się w niej inne wspomnienia. Są to aspekty niewłaściwego postępowania odciśnięte w duszy, które powinna ona rozpoznać, pożałować za nie i odłożyć w jednej z bardziej subtelnych konstelacji planet, w jej czasowym miejscu pobytu.

Na drodze zapominania do jednej z bardziej subtelnej konstelacji planet pobudzane są kolejne sprawy do uporządkowania, które dusza ma w sobie zapisane. Na tej drodze zmienia się też stopniowo jej promieniowanie. Dusza przybiera inne rysy. Ma bardziej subtelną szatę, eteryczną powłokę, która odpowiada niuansami kolorów i promieniowaniu świadomości duszy oraz przyporządkowanej jej konstelacji planet w zaświatach.

Droga jeszcze innej duszy może wyglądać następująco. Przyjmijmy, że były człowiek, teraz zmarły, stworzył dla swojej duszy w materialnym kosmosie matrycę, żeby się możliwie szybko wcielić. Dusza otrzymuje wyjaśnienia w zakresie zgodnych z prawem zależności i jest informowana, że ponowne inkarnacje nie są zgodne z wolą Boga. Wyższe istoty pokazują duszy dążącej do ponownego narodzenia w fizycznym ciele jej zapis, jej obecne wykroczenia przeciw życiu, jedności, wolności, miłości do Boga i do bliźniego, żeby już w zaświatach mogła je rozpoznać, pożałować za nie i oczyścić. Niejedna dusza wcale tego nie chce, ponieważ jej matryca przesyłając do niej zapis jej wcześniejszych ludzkich błędów uaktywnia je. Wtedy uparta dusza, mimo pouczeń, rozpatruje jednak możliwość uzyskania nowego ziemskiego ciała.

Towarzyszące duszy świetliste istoty pokazują jej istotne aspekty nowego ziemskiego życia, czyli co czeka tego nowego człowieka, jeśli dusza zdecyduje się ponownie wcielić.

Wiersz przypisywany Hermannowi Hesse, może nam pomóc w zrozumieniu, że dusza nigdy nie jest pozostawiana sama sobie, że zawsze otrzymuje wskazówki, zawsze jest prowadzona, zawsze coś się w niej uaktywnia. Wiersz ma tytuł „Życie, które sam wybrałem":

Zanim przywdziałem to ziemskie odzienie,
swe przyszłe życie w całości ujrzałem.
Były tam troski i wielkie zmartwienie,
cierpienia i nędza, jakich nie znałem.
I gniew potężny był, nieujarzmiony,
pycha, nienawiść – o, jak się wstydziłem
– nałóg, co porwał w swe potworne szpony:
w niewoli błędów niemało przeżyłem.

Jednak codziennie były też radości,
marzeń przepięknych pełne i światłości,
w których skarg nie ma ani złośliwości,
a źródło darów w każdej rzeczy gości.
Temu, co związan jest z powłoką ziemską,
miłość daruje szansę uwolnienia,
i jak wybraniec, wyższy duchem
człowiek wyzwoli się od ludzkiego cierpienia.
Widziałem dobro – widziałem zło warczące,

i braki swoje w całości ujrzałem,
zobaczyłem rany też moje krwawiące,
i czyn pomocny anioła dojrzałem.
A gdy me przyszłe życie takim ujrzałem,
pytanie padło od wiecznej istoty:
„Czy, by to przeżyć, masz dość śmiałości?
Gdyż czas na decyzję nastał właśnie już.

Wszystko, co złe, więc znów oceniłem,
„To właśnie życie, które przeżyć chciałem",
zdecydowanie i jasno stwierdziłem,
i bliski swój los w cichości przyjąłem.
W ten sposób na tym zjawiłem się świecie,
tak było z moim na ziemię zstąpieniem,
na swe obecne nie narzekam życie,
bom takie wybrał – tuż przed narodzeniem.

Wiersz opisuje, że zawsze przed nowym wcieleniem jesteśmy wyczerpująco informowani o tym, co nas czeka w nowym ziemskim życiu, czyli o pozycji wyjściowej, o określonych konstelacjach w ziemskim życiu, predyspozycjach i tak dalej. Co z tym zrobimy: czy rozwiniemy się w dobrym, czy złym kierunku – pozostaje sprawą osobistej wolności każdego.

*Duchowa struktura subtelnego ciała
boskiej istoty. Ciało duchowe obciążone
sprzecznymi z prawem energiami – dusza*

Mówiliśmy właśnie o boskich istotach, których subtelne ciała określa się jako istoty duchowe. To ciało ma strukturę cząsteczkową, w odróżnieniu od fizycznego ciała, złożonego z różnych komórek, kości, ścięgien, więzadeł, nerwów et cetera.

Boskie ciało ma całkowicie elastyczną strukturę, przez którą promieniuje niezmierzona prasiła, prawo wiecznego bytu, Wszech-Świadomość. Aby wyobrazić sobie tę cząsteczkową strukturę, pomyślmy o łuskach ryby. Podobnie bowiem jak zachodzące na siebie łuski, cząsteczki boskiego ciała ułożone są obok siebie w podłużne i poprzeczne szeregi. Każdą cząsteczkę przenika światło uniwersum, Wszech-Świadomość, prawo Królestwa Bożego, które jest wszechobecne.

Duchowe, boskie ciało otrzymuje nieprzerwanie pierwotne promieniowanie bytu poprzez jądro istoty, czyli serce duchowego ciała.

Pra-Siła bytu, kosmiczna Wszech-Świadomość, składa się z siedmiu podstawowych pra-sił. Ponieważ Bóg jest jednością, każdy promień pra-siły jest zawarty w pozostałych. W efekcie siedem podstawowych pra-sił promieniuje w nieskończoność siedmioma aspektami razy siedem i działa między innymi w cząsteczkach duchowego ciała, a zarazem w każdym kroku ewolucyjnym w świadomości różnych form życia. Dlatego każda cząsteczka wypełniona jest kosmiczną Wszech-Świadomością, światłem nieskończoności.

Mentalność istoty duchowej – my, ludzie, nazwalibyśmy to specyficznymi zdolnościami – rozpoznaje się po jej promieniowaniu, które zawsze wiąże się z jedną z sił podstawowych. Mentalność odpowiada jednej z siedmiu sił podstawowych Boga: Porządkowi, Woli, Mądrości, Powadze, Cierpliwości, czyli Dobroci, Miłości lub Miłosierdziu, czyli Łagodności – kształtuje jak powiedziano – strukturę cząsteczkową boskiego ciała i widoczna jest też w rodzaju szat istoty duchowej.

Z boskiego świata wiemy, że w każdym człowieku mieszka dusza boskiego pochodzenia, której ojczyzną jest Królestwo Boże. Po śmierci ciała człowieka dusza zatrzymuje się w zaświatach, sferach o bardziej subtelnej strukturze. Dusza, podobnie jak duchowe ciało niebiańskich istot, ma strukturę cząsteczkową, tylko że cząsteczki duszy są zacienione. Promieniowanie duszy odpowiada obciążeniom, które nałożył na nią człowiek swoim sprzecznym z prawem postępowaniem przeciw kosmicznemu Wszech-Prawu miłości do Boga i do bliźniego. Jako ludzie nazywamy takie myślenie i postępowanie wbrew Bogu „grzechem". Zatem grzechy, które człowiek popełnił i których nie zadośćuczynił, wnikają jako cień w odpowiednie cząsteczki duszy. Dlatego właśnie, jak długo nasze pierwotne, boskie ciała są obciążane przez nas, ludzi, tak długo nazywane są duszami. Stosownie do swojego promieniowania – znanego też pod pojęciem aury lub korony – dusza nosi swoje okrycia. To jest to, co otacza duszę, to, co ona niesie jako obciążenie, co więc ją odzwierciedla. To jej aktualny aktywny fluid. Rozmaite odcienie barw, wskazujące rodzaj obciążeń, nazywane są szatami duszy; mają taką samą wibrację jak jej promieniowanie. To jest jej aktualna energetyczna szata, która duszę otacza.

Podróże duszy

Taki, jaki jest człowiek podczas podróży, taka jest też dusza podczas podróży. Również ona zawsze może wybrać, jaką drogą pójdzie. Albo dąży do tego, by jak najszybciej wrócić do wiecznej ojczyzny, do najbardziej subtelnego makrokosmosu, do Królestwa Bożego, albo pozostaje przez jakiś okres w obszarze oczyszczania odpowiadającym jej intensywności promieniowania. Ma również prawo wybrać drogę ponownego wcielenia. Którąkolwiek z tych możliwości wybierze, zawsze otoczona będzie tym, co wcześniej nałożył na nią człowiek i co nie zostało oczyszczone – winy, które nie są jeszcze umorzone.

Każdy stan świadomości duszy jest jej aktualnym położeniem. Odzwierciedla się on w szacie duszy, a jeśli dusza ponownie się wcieli, czyli stanie się człowiekiem, jest promieniowaniem duszy człowieka. Swoje pozytywne i negatywne strony dusza zabiera ze sobą w inkarnację. W czasie jej nowej ziemskiej podróży niejedno z tego się uaktywni. Sukcesywnie zacznie działać wtedy, gdy młody człowiek będzie w stanie odróżniać dobro od zła.

Droga niewcielonej duszy może wyglądać następująco: Jeśli dusza w znacznym stopniu zniosła swoje negatywne cechy, niedobre strony charakteru, odpowiadające wizerunkowi jej minionego człowieka, czyli jeśli się oczyściła, to następują kolejne kroki do dalszych, a nawet do wyższych, bardziej świetlistych konstelacji planet. Dusza odbiera częstotliwości odpowiadające swojej aktualnej świadomości. W danym momencie miejsce jej pobytu odpowiada stanowi jej świadomości. Jest pobudzana do obejrzenia tego, co jeszcze na niej ciąży, żeby to usunąć.

Podczas tej dalszej podróży dusza niejednokrotnie musi boleśnie doświadczyć na swoim duchowym ciele tego, co się na niej odcisnęło: na przykład wykroczenia przeciw ludziom, dręczenia zwierząt, zabijania dla własnych potrzeb, spożywania ich ciał. Podobnie niszczenie przyrody i ograbianie ziemi są w duszy tak zwanego grzesznika, dawnego człowieka, odciśnięte w obrazach, często połączonych z uczuciem bólu i cierpienia. To, co jako człowiek dusza uczyniła ludziom, zwierzętom, całej Matce-Ziemi, czy były to udręka, ból, cierpienie czy inne szkody, musi teraz znieść i odczuć na własnym ciele. Nazywamy to znoszeniem win.

Kiedy dusza uświadomi sobie takie lub inne obciążenia, otrzyma w tym zakresie nowe wskazówki od wyższych istot – tak jak zawsze, kiedy jest pouczana podczas swojej podróży. Szata świadomości rozwija się z duszy samorzutnie, odpowiednio do każdego promieniowania, które jest pozytywne czy negatywne, ma swój specyficzny kolor i pasującą do wibracji duszy formę. Podczas wędrówki pokazuje się kolejny krok, to, co dusza ma do oczyszczenia. Staje się to widoczne w ciele duszy, a zarazem w jej szacie.

Na wszystkich drogach duszy zmienia się wygląd jej ciała i szat. Im bardziej dusza rozwija się duchowo – im bardziej rozpoznaje swoje zapisy, żałuje, oczyszcza i częstokroć boleśnie znosi – tym bardziej wysubtelnia się struktura jej ciała przez przekształcenie energii z negatywnych w pozytywne. Wysubtelniające się ciało staje się jaśniejsze, szaty duszy bardziej prześwietlone, rysy twarzy szlachetniejsze. Krok po kroku dusza zbliża się do swojej prawdziwej, wiecznej ojczyzny. Stopniowo rozwija się w niej jej boska istota, subtelna istota duchowa. Wszystko zależy więc od duszy, od tego, jakie decyzje ona podejmie. Jeśli wybierze wzniosłe dążenie do dalszego rozwoju duchowego, ruszając drogą kolejnych rozpoznań i oczyszczania z własnych win, to wszystko co niskie, wina, zostanie przeistoczone przez Wszech-Świadomość i przekazane jej, aby osiągnąć wyższą intensywność światła. Grzech, wina, który przestał istnieć, jest zmazany i zarazem zapomniany.

Jeśli natomiast dusza chce się wcielić, ponownie schodzi w dół. Znów zbliża się do materialnego makrokosmosu, żeby następnie, przy najbliższej okazji, ponownie stać się człowiekiem. Każdy człowiek, każda dusza ma wolną wolę i może swobodnie decydować. Jeśli dusza wraca do kolejnego istnienia jako człowiek, to, jak wspomniano, schodzi poprzez matrycę, którą stworzyła wcześniej, jako dawny człowiek. Także ponowne wcielenie jest związane z początkowym „zapomnieniem", czyli z nieświadomością ludzkich zawirowań z poprzednich inkarnacji. Ale w tym przypadku nie został oczywiście zrobiony krok na omawianej drodze zapominania – dusza i człowiek nie oczyścili żadnego grzechu. Odpowiednia wina zostanie kiedyś przywołana przez prawo czynów, prawo siewu i zbioru. Droga zapominania staje się teraz drogą ujawniania.

*Dusza inkarnuje się – człowiek i dusza
są mierzone według boskich zasad
Dziesięciu Przykazań
i Kazania na Górze Jezusa*

Jak przebiega inkarnacja? Rodzi się dziecko. Początkowo to, co dana dusza przeżyła w materialnym makrokosmosie, ewentualnie w konstelacjach planet o bardziej subtelnej strukturze, co przyniosła z poprzednich inkarnacji, pozytywne i negatywne, jest poza jej zasięgiem, jest „zapomniane". Dziecko rośnie. Kiedy, jak wspomniano, osiągnie wiek, w którym umie odróżnić dobro od zła, zaczynają się ujawniać pewne aspekty przyniesione z poprzednich inkarnacji, te które człowiek powinien teraz krok po kroku usunąć.

My, ludzie, znamy Dziesięć Przykazań Bożych przekazanych przez Mojżesza i Kazanie na Górze Jezusa z Nazaretu. One stanowią streszczenie życia i są dane jako droga do domu Ojca każdemu człowiekowi z osobna. Życie jest wieczne – nie tylko tu czy tam – życie jest jednością, jest kosmicznym Duchem, kosmicznym prawem wyrażonym w następujących zasadach: równość, wolność, jedność, braterstwo i sprawiedliwość. Doświadczanie tych Wszech-Zasad – będących ostatecznie drogą powrotną do wiecznego bytu – przez większość ludzi nie jest przestrzegane. Jednak człowiek i jego dusza, wędrowcy, którzy pozostaną w podróży, aż zanurzą się w potężny ocean Wszech-Jedynego, w prawo jedności, będą mierzeni tymi boskimi zasadami symbolizującymi jedność; także czyny każdego z osobna będą odpowiednio zważone. To jest prawda, przekazana nam również w następującej przypowieści:

„A oto zbliżył się do Niego pewien człowiek i zapytał: «Nauczycielu, co dobrego mam czynić, aby otrzymać życie wieczne?» Odpowiedział mu: «Dlaczego Mnie pytasz o dobro? Jeden tylko jest Dobry. A jeśli chcesz osiągnąć życie, zachowaj przykazania». Zapytał Go: «Które?» Jezus odpowiedział: «Nie zabijaj, nie cudzołóż, nie kradnij, nie zeznawaj fałszywie, czcij ojca i matkę oraz miłuj swego bliźniego, jak siebie samego!» Odrzekł Mu młodzieniec: «Przestrzegałem tego wszystkiego, czego mi jeszcze brakuje?»

Jezus mu odpowiedział: «Jeśli chcesz być doskonały, idź, sprzedaj, co posiadasz, i rozdaj ubo-

gim, a będziesz miał skarb w niebie. Potem przyjdź i chodź za Mną...

Jezus zaś rzekł do uczniów: „Zaprawdę powiadam wam, że bogacz z trudnością wejdzie do Królestwa Niebios. A nadto powiadam wam: łatwiej wielbłądowi przejść przez ucho igielne, niż bogatemu wejść do Królestwa Bożego".

W naszym świecie zawsze było wielu bogaczy, a obecnie jest ich coraz więcej i stąd jest też wiele dusz ze skłonnością do powracania na Ziemię, gdyż odpowiednio do tego zaprogramowane są ich matryce, kokony promieniowania. Dusza, która nie może oderwać się od swoich dóbr, pozycji i bogactwa, ciągle ma nadzieję, że uda jej się inkarnować ponownie w tej „oazie dobrobytu". Dusza należąca do takiego klanu posiadaczy będzie zawsze dążyła do wcielenia się w tak zwany „kilkupokoleniowy zamożny rodzinny klan". Ktoś z tego klanu przez małżeństwo i spłodzenie potomków stworzy kołyskę dla takiej duszy, żeby mogła jako człowiek znów żyć tam, gdzie żyła w poprzedniej inkarnacji – w środowisku, które dla tej duszy jest wszystkim. Kiedyś jednak kołyska dla takiej duszy uwięzionej w świecie własnych życzeń okaże się być pusta albo zajęta przez całkiem inną duszę, która nie ma żadnej więzi z tym wielkim majątkiem. Człowiek, którego dusza nie przyniosła ze sobą poczucia wartości tego dziedzictwa, może je przyjąć lub roztrwonić. Może być też i tak, że przełom historyczny odbierze człowiekowi szansę pomnożenia czy choćby zachowania majątku.

W świecie doczesnym nie ma nic wiecznego. Żadne bogactwo nie przetrwa wiecznie. Czas ostrzy sobie zęby nie tylko na bogacza ale i na bogactwo. To co było kiedyś minie. Ząb czasu nadgryzie pozycję, „oazę dobrobytu", pieniądze i majątek – zsuwając w „było, minęło". Żadna związana z Ziemią dusza nie może zachować na stałe majątku byłego człowieka i dysponować nim jako człowiek w kolejnych inkarnacjach w tym samym klanie. Kiedyś człowieka dosięgnie cierpienie, a po wyjściu z ciała będzie cierpieć jego dusza. Kiedyś będzie miała dość odgrywania roli człowieka władzy.

Każdy człowiek ma swoje indywidualne tory życia do pokonania, a każda dusza będzie się szamotać tak długo, aż pojmie, co znaczy życie. Gdy zrozumie, że bez „zapomnienia" ludzkich spraw i potrzeb nie ma drogi wyzwolenia, i na pewno nie obejdzie się bez przezwyciężenia, skruchy i naprawienia błędnych wykroczeń przeciw prawu jedności.

Czy to, co zapomnieliśmy jako człowiek, jest przeistoczone w „komputerze duszy", zależy tylko od tego, czy były to zwykłe ogólne potrzeby i nawyki związane z trójwymiarowym światem, czy były to, jak wspomniano, wykroczenia przeciw życiu, czyli grzechy.

Można sobie tu pomóc następującą radą: Przyjmujmy z większym dystansem to, co nas codziennie zajmuje, zdarzenia i sytuacje, dążenie do władzy i korzystanie z władzy. To dotyczy przede wszystkim naszej własnej osoby, a nie osób innych.

*Droga każdej duszy,
każdego człowieka do domu,
do wiecznego bytu z Chrystusem Bożym*

Słowo prowadzące do życia jest drogą i prawdą. Jest tylko jedna prawda – jest nią Bóg, a Bóg jest bezgraniczny. W głębi swoich dusz jesteśmy boskimi istotami, czyli istotami duchowymi niezwiązanymi z czasem ani przestrzenią. Każda istota duchowa jest w takim samym stopniu dziedzicem Królestwa Bożego, a zatem jest wolna i nie podlega ograniczeniom. Ciało duchowe boskiej istoty jest skompresowanym wiecznym prawem; jest ona wobec tego boska, ale nie jest Bogiem. Każda boska istota porusza się swobodnie we wszechświecie, czyli jest niezależna, gdyż ucieleśnia prawo życia. Żyje we Wszech-Zasadzie równości, wolności, jedności, braterstwa i sprawiedliwości, z czego wynika między innymi bezgraniczne nadawanie i odbieranie, nieskończona kosmiczna komunikacja. Wiecznie czysty byt jest prawem nieskończoności. To są tory istot duchowych, po których one się poruszają; przekładając to na ludzkie realia, powiedzielibyśmy, że to są ich ulice i drogi.

Staje się coraz bardziej jasne, że dla boskich istot nie ma granic – w Bogu, swoim Stworzycielu i wiecznym Ojcu, są bezgranicznymi istotami w wiecznym bycie. Droga do wiecznego bytu jest drogą każdej duszy, każdego człowieka. Im szybciej nią pójdziemy, tym szybciej dotrzemy do wiecznej ojczyzny jako boskie istoty, czysty, wieczny byt, skompresowane, wieczne Wszech-Prawo. Czas wędrówki i ilość przeszkód na drodze do bezgranicznej jedności każdy człowiek, każda dusza określa samodzielnie. Bóg jest wolnością – On nam nic nie narzuca.

Do rozpoznania Bożej miłości i wolności Odwieczny, nasz niebiański Ojciec, dał nam poprzez Mojżesza Dziesięć Przykazań będących wyciągiem z wiecznego prawa wolności. Zauważmy, że mówią one „ będziesz", a nie „nakazuję ci". Tu mieści się wolność każdej istoty. Wolność jest niebiańską cechą, która ma korzenie w miłości Boga. Jest powiedziane: *Będziesz miłował Pana, Boga swego, z całego serca swego, z całej duszy swojej, ze wszystkich sił swoich.* To jest najważniejsze i pierwsze przykazanie. Równie ważne jest drugie: Będziesz miłował bliźniego swego jak siebie samego.

Prawdziwa wolność przynosi równość i pokój; prawdziwy pokój przynosi jedność, a jedność zawiera braterstwo. Braterstwo obejmuje także sprawiedliwość, gdyż przed obliczem Boga wszystkie Jego dzieci są równe. To jest droga do Królestwa Bożego i nie ma żadnej innej.

Drodzy współbliźni, każdy z nas ma w duszy jedyny w swoim rodzaju skarb, cudownego Przewodnika i Towarzysza. To Duch Chrystusa Bożego, Światło Zbawcze oświetlające nam drogę przez materialny kosmos, przez kosmos o bardziej subtelnej strukturze, aż zanurzymy się w ocean Boga, we Wszech-Prawo wiecznego bytu. Wtedy znowu będziemy wiecznie w domu, w niebiańskich mieszkaniach, o których mówił Jezus z Nazaretu: *W domu Ojca Mego jest wiele mieszkań. Gdyby tak nie było, czyż mówiłbym wam: „Idę by przygotować wam miejsce"?*

Życzmy sobie wzajemnie bezpiecznej drogi do wiecznego domu Ojca!

Gabriele

Posłowie

Droga zapominania rzuca nowe światło na znaczenie naszych ziemskich dni. Niczego nie powinniśmy przeoczyć z tego, za co ponosimy odpowiedzialność. Najpierw to, co zawiniliśmy, powinno być przez nas rozpoznane, oczyszczone oraz w pełni zniesione, co oznacza usunięte, wtedy odejdzie w zapomnienie. Wtedy Chrystus Boży całe to zło przeistoczy w jasną, o subtelnej strukturze formę energii.

To jest proces, w którym nie jest nam zaoszczędzone przerobienie tego, co staranna samokontrola nam pokazuje. Zauważmy! Tu chodzi o łaskę zapominania! Wykonanie tego w prawidłowy sposób uzależnione jest od naszej osobistej odpowiedzialności wobec życia i wobec uniwersalnego Ducha naszego niebiańskiego Ojca.

Zajścia kosmiczne czynią każdą godzinę, każdą minutę naszego ziemskiego życia niezwykle wartościową.

To jest Moje Słowo
A i Ω

Ewangelia Jezusa

Objawienie Chrystusa, które znają prawdziwi chrześcijanie na całym świecie

Wiele z tego, co Jezus nauczał, pozostało przed ludźmi zakryte, gdyż dzisiejsza Biblia zawiera tylko tyle, co pozwolono Hieronimowi (IV w n. e.) spisać. W objawionym dziele "To jest Moje Słowo" czytamy prawdę przedstawioną przez samego Chrystusa na temat Jego życia, myślenia i działania jako Jezusa z Nazaretu.

W treści: Dzieciństwo I młodość Jezusa · Fałszowanie nauki Jezusa z Nazaretu w minionych 2000 lat · Jezus z Nazaretu demaskuje uczonych w piśmie i faryzeuszy jako obłudników · Sens i cel życia na ziemi · Warunki do uzdrowienia ciała · Jezus z Nazaretu kochał zwierzęta i zawsze wstawiał się za nimi · Człowiek hańbi i niszczy życie na ziemi · Prawo przyczyny i skutku dotyczy także postępowania z całym stworzeniem Bożym · O śmierci, reinkarnacji i życiu · Prawdziwe znaczenie czynu zbawczego Jezusa, Chrystusa i wiele innych tematów.

1048 stron, twarda oprawa
ISBN 83-911929-6-2

To miało być przed wami zatajone

REINKARNACJA
DAR ŁASKI ŻYCIA

JAKI JEST CEL PODRÓŻY
MOJEJ DUSZY?

Gdzie jest nasz dom? Gdzie na tym świecie jesteśmy u siebie? Może jesteśmy tu tylko przejazdem jako mniej lub bardziej tolerowany gość? Czy widzialna materia jest źródłem, z którego pochodzimy – czy też wzięliśmy się skądinąd?

Uczucia i przeczucia ludzi od zawsze krążą wokół pytań: skąd i dokąd, dlaczego i po co. Jednak rzadko znajduje się odpowiedź tak jasną i wyraźną jak ta dana przez Gabriele, prorokinię nauczającą i ambasadorkę Boga naszych czasów.

Kwestia istnienia reinkarnacji, czy możliwości ponownych wcieleń to nie temat dla ezoterycznych kółek. Ukrycie przez powstające Kościoły panujące tej prastarej wiedzy, żywej również w początkach chrześcijaństwa, miało fatalne skutki w historii ludzkości aż po dziś dzień. Tym ważniejsze jest, by pojąć i wykorzystać szansę, którą daje ta wiedza, o ile zastosujemy ją w czynach. Umożliwia to łaska Boga!

72 strony, miękka oprawa
ISBN 978-83-89460-25-7

PRZESŁANIE
Z WSZECHŚWIATA

Współczesne proroctwo
Boże zamiast słów Biblii

Bóg nie zostawia nas, ludzi, swoich dzieci, samych. Ponownie wypowiada swoje bezpośrednie Słowo poprzez swoją prorokinię i daje odpowiedź na kluczowe pytania ludzi, szczególnie dotyczące duchowych powiązań nieobjaśnionych w Biblii: sensu i celu ziemskiego życia, wolności każdej istoty, przyczyn i skutków, nieśmiertelności duszy i reinkarnacji, czynu zbawczego Chrystusa, nieskończonej miłości Boga do każdego człowieka i całego stworzenia, i wielu innych. Od ponad czterdziestu lat Wszechduch, BÓG, w niezliczonych objawieniach daje nam, ludziom, swoje Słowo poprzez Gabriele, Jego prorokinię i ambasadorkę.

Światło wiecznej Prawdy świeci także w naszych czasach i promieniuje na współczesne wydarzenia, tak że każdy, kto otworzy serce na przesłanie Boga, zdoła rozpoznać, co On chce mu powiedzieć, i jeśli zechce, wcielić to w życie.

Prawdziwy Jezus, Chrystus, nie jest tożsamy z Jezusem z nauk kościelnych. Jezus przyszedł 2000 lat temu, aby usunąć błędne nauki ówczesnych kapłanów i poprowadzić ludzi w życie w wolności i jedności z ludźmi i przyrodą. Dziś powrócił Chrystus w Swoim słowie darowanym poprzez wielkiego współczesnego proroka: Gabriele.

Objawione słowo Boże wskazuje człowiekowi nie tylko drogę do zrozumienia własnego życia i jego opanowania, lecz również możliwość życia w zgodzie z sobą, z innymi ludźmi, ze zwierzętami i przyrodą. Książki zawierają wybór Bożych objawień; są one przeznaczone dla każdego człowieka tęskniącego do Boga, do prawdy niezależnie od wyznania, rasy czy narodowości.

t. 1, 214 stron, miękka oprawa, ISBN 978-83-89460-18-9
t. 2, 214 stron, miękka oprawa, ISBN 978-83-89460-26-4
t. 3, 224 strony, miękka oprawa, ISBN 978-83-89460-27-1

Z przyjemnością prześlemy Państwu
aktualny katalog wydawniczy.

Gabriele-Verlag Das Wort
Max-Braun-Str. 2
97828 Marktheidenfeld, Niemcy

www.gabriele-verlag.com

www.wydawnictwo-gabriele.com